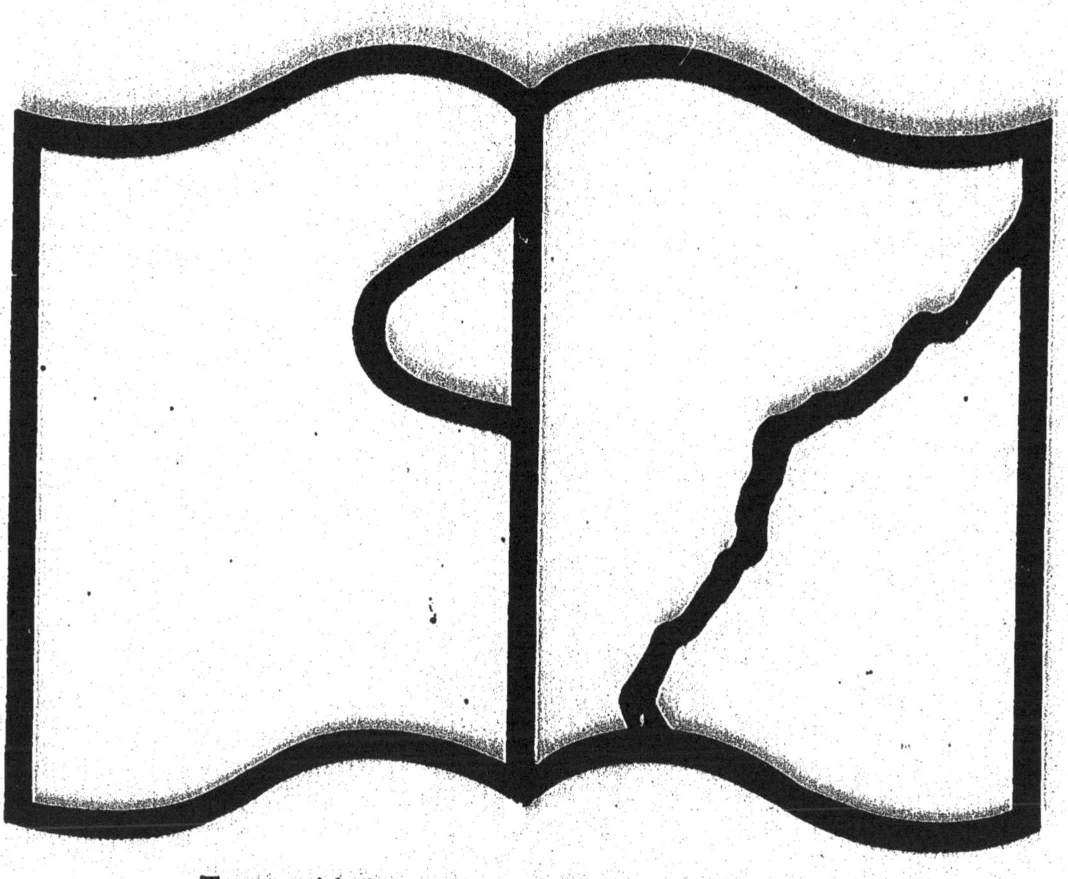

Texte détérioré — reliure défectueuse

NF Z 43-120-11

Symbole applicable pour tout,ou partie des documents microfilmés

ÉCONOMIE
POLITIQUE
ANCIENNE & NOUVELLE
COMPARÉES

PAR

François SMITH

PARIS

Vve P. LAROUSSE ET Cie, IMPRIMEURS-ÉDITEURS

19, RUE MONTPARNASSE, 19

ÉCONOMIE POLITIQUE

ANCIENNE & NOUVELLE

COMPARÉES

ÉCONOMIE POLITIQUE ANCIENNE & NOUVELLE COMPARÉES

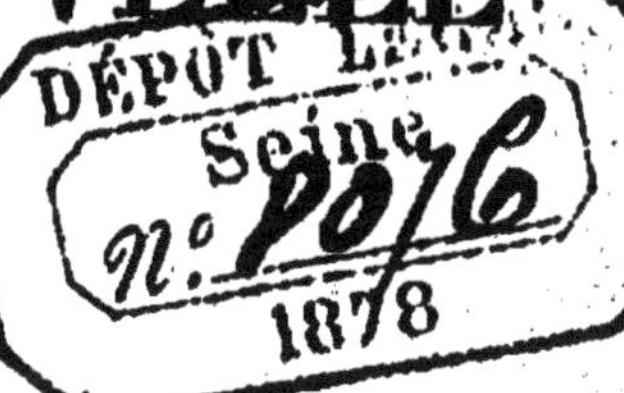

PAR

François SMITH

PARIS

Vve P. LAROUSSE ET Cie, IMPRIMEURS-ÉDITEURS

19, RUE MONTPARNASSE, 19

PRÉFACE

*Les économistes acceptent trop volontiers, comme base de leurs doctrines, les faits dont l'*ignorance *humaine a souffert l'accomplissement. Les guerres, les violences qui ont tour à tour amené l'esclavage, le servage, le* colonat libre *ou travail* unilatéral... *leur semblent des maux sans remède, des « rapports nécessaires dérivant de la nature des choses. » (Montesquieu.) Ils oublient que nous sommes doués de la faculté d'observer, de comparer, de juger, de vouloir. La somme de nos observations, de nos comparaisons, de nos jugements compose une sorte de capital intellectuel qui s'accumule, s'accroît sans cesse et finit par modifier notre* volonté. *Les hommes d'aujourd'hui commencent à sentir que le hasard et la violence engendrent des résultats vicieux. Ils conçoivent, comme possible, l'hypothèse d'une association équitablement, paisiblement* contractée. *Peut-être n'est-il pas sans intérêt de creuser cette hypothèse et de chercher (par la logique seule, en élaguant* *toute espèce de merveilleux) quels principes la régiraient, si elle venait à se réaliser par la puissance* pacifique *de la* conviction.

*Est-ce là faire de l'*utopie? *Je pense que non..L'utopie, — que je n'aime point, — consiste à imaginer des suppositions* contraires *à la* nature *des choses. Est-il donc contraire à la nature des hommes de s'entr'aider les uns les autres (1), et d'échanger avec équité les bénéfices de cette collaboration?*

La comparaison facilite la compréhension. J'ai cru qu'un rapprochement synoptique *continu rendrait sensibles; en quelque sorte au simple coup d'œil, les différences qui séparent un régime engendré par la force et l'ignorance combinées, d'un régime adapté aux progrès incessants de la science. — On est libre, du reste, de lire* séparément *les idées nouvelles ou les anciennes, à son choix.*

Lecteur assidu, admirateur sincère de J.-B. Say, j'ai pris pour cadre de mon travail le plan *suivi par cet auteur dans son* Catéchisme d'économie politique; *c'est son traité (2) le plus court. J'ai reproduit ou* résumé *ses propres expressions, excepté lorsqu'il omet de formuler les* inconvénients *de l'état de choses qu'il*

(1) Il se faut entr'aider; c'est la loi de *nature.* (La Font., VIII, 17.)

(2) Son *Epitome* n'est qu'un simple vocabulaire.

décrit — ou lorsqu'il les dissimule sous des palliatifs trop optimistes. — La marche que j'ai adoptée entraînait des répétitions. Quelques-unes sont excusables; elles ont pour but de présenter une même idée sous divers *points de vue.*

ÉCONOMIE POLITIQUE

ANCIENNE ET NOUVELLE

COMPARÉES

. . . . *Nil sine magno*
Vita labore dedit mortalibus. . . . .

HORACE, *Sat.*, I, IX, 59-60.

Le travail est mon dieu ; lui seul régit le monde.

VOLTAIRE, *Filles de Minée.*

Il n'y a dans le monde que du travail. — Le capital n'est que du travail accumulé.

DESTUTT-TRACY, *Comment. sur l'Esprit des lois.*

I

Définition de l'économie politique. De la richesse (1).

1. L'économie politique est la science qui enseigne comment les *richesses* sont produites, distribuées, consommées dans la société (ci-apr., nº 8), J.-B. Say.

2. On voit, par cette définition, que l'économie politique a pour *objet* la richesse.

3. La richesse se compose, non-seulement de l'argent monnayé, mais des fonds de terre, des bâtiments, des meubles..., en un mot, des *biens* de toute espèce. Aj. chap. IX.

4. La richesse ne se compose que des choses qui ont une valeur *reconnue*.

La valeur se détermine par le sacrifice que *consent* à faire le consommateur. V. nºs 27 à 31.

Le mobile du consommateur peut être son *caprice*, son *préjugé*...

(1) J.-B. Say traite aussi de la *valeur*, dans ce chap. 1er. V. ci-après nºs 27 à 31.

I

Jusqu'à quel point l'idée d'une société librement et équitablement formée modifie la notion fondamentale de l'économie politique.

1. L'économie politique est la science qui enseigne comment l'UTILITÉ physique, *morale*, *intellectuelle* est *reconnue*, *exploitée*, produite, *conservée*; — comment le travail UTILE (1) est *récompensé*; — en admettant que le but de l'association humaine soit le plus haut degré de *prospérité* possible pour *tous* (2) les hommes (d'après le dernier état de la science générale) (3).

2. *Richesse* implique *inégalité*. Où l'on rencontre des riches, les pauvres abondent. L'UTILITÉ est quelque chose de plus général : elle est faite pour la masse.

Si l'on admet que *tous* travaillent pour la prospérité de *tous*, « richesse » deviendra synonyme « d'utilité » (4).

3. Pour que la société prospère, il ne suffit pas que les individus subsistent, même avec luxe ; il faut en outre développer leur *intelligence* et leur *sensibilité*.

4. Les forces humaines sont limitées : il importe de ne pas les dissiper, les gaspiller.

Pour en faire l'emploi le plus avantageux possible, on consulte la *Science*, dans son dernier état.

(1) J'entends par travail *utile* celui qui reconnait, exploite, produit, conserve l'Utilité.

(2) Quand même quelques-uns s'en rendraient indignes par leur *faute*, ce qui forcerait de les *punir*. C'est un but intentionnel. Bentham se résignait d'avance à n'obtenir que le bonheur du plus grand nombre : *The best of the* MOST.

(3) Définition abrégée : l'économie politique est la science du travail *utile* et de sa *récompense*, dans l'hypothèse d'une association *équitablement* organisée.

(4) « Enrichissez-vous, » disait Guizot aux électeurs. On doit dire à des associés : travaillez tous pour la prospérité *commune*.

5. Les richesses *naturelles* ne sont pas *produites;* donc elles ne peuvent être l'objet de la science; l'économie politique s'occupe exclusivement des richesses *artificielles*, des produits du travail.

En fait, certaines richesses naturelles sont abandonnées à quelques individus qui sont libres de *ne pas* les exploiter; qui, lorsque l'exploitation dépasse leurs forces, cèdent, moyennant un prélèvement sur les produits futurs, la faculté de les exploiter ou non.

6. Après avoir traité de la production qui crée la valeur, les anciens économistes ont naturellement traité de la *consommation* qui la détruit.

Le *caprice*, les *préjugés*.... influent librement sur la consommation, comme sur la production.

7. Les anciens économistes ont observé que le consommateur *rembourse* la valeur du produit au dernier entrepreneur; celui-ci la rembourse au précédent, et ainsi de suite. Chacun des entrepreneurs *paye* le propriétaire foncier ou capitaliste et les ouvriers. Par suite, le consommateur, et, avant lui, chaque entrepreneur successivement, s'approprie tout le bénéfice de la production et en supporte les risques.

Ce phénomène se nomme *distribution* des richesses.

Donc la Société ne doit encourager que le travail producteur d'une utilité reconnue, c'est-à-dire vérifiée, *constatée* scientifiquement. N° 32.

5. L'homme ne fait rien avec rien. Il ne saurait se passer des animaux, des végétaux, des minéraux, ni de la terre qui les porte avec lui (1).

Donc la Société fait sagement d'exiger que les terres, que les *forces naturelles*, en général, soient exploitées sur l'échelle la plus étendue. V. nos 64, 83.

L'utilité naturelle n'est pas produite, mais elle a besoin d'être *développée*, exploitée par le travail ; elle prend alors le nom de Capital.

6. La satisfaction des besoins et désirs raisonnables est provoquée par un stimulant naturel, qui dispense de tout précepte scientifique. Renfermée dans les limites de la sagesse, elle légitime la destruction de l'Utilité. Mais, quand elle est opérée dans ces limites, la Société exige la *conservation* de son capital (utilité accumulée), afin d'accroître ses moyens de prospérité. N° 21.

7. L'homme ne travaille que pour satisfaire un besoin ou un désir. Cette satisfaction constitue la *récompense* naturelle de ses fatigues.

La nature de l'homme ne change pas par le fait de l'association.

Donc la Société doit veiller à ce que *tous* ses membres soient *récompensés* (2) de leur travail. Elle obtient ainsi

(1) Ceci avait fait croire à Quesnay et aux *physiocrates* que l'*agriculture* est le seul travail utile ; mais v. n° 32. — Ce qui est vrai, c'est que toute production d'utilité consiste dans une exploitation des forces naturelles. Ainsi entendu, le mot *physiocratie* (puissance de la nature) serait encore convenable pour désigner l'économie politique.

(2) Bentham intitule son économie politique : « Théorie des *récompenses.* »

8. J.-B. Say n'explique pas (1) quelle est la *société* dans laquelle il enseigne comment les richesses sont produites et distribuées. Il se borne à dire, plus loin (chap. xx), que la production fleurit lorsque la population a les goûts et les besoins d'un peuple *civilisé*. — Sans doute, il avait en vue la société telle qu'elle était organisée en *France* ou dans l'Europe *occidentale* (Angleterre, Allemagne, Italie...) à l'époque où il écrivait; telle elle est encore aujourd'hui.

[Les jurisconsultes distinguent nettement la *communauté* résultant d'un événement fortuit, — qu'ils appellent *quasi-contrat*, — de la société contractuelle. L'une, involontaire, subit l'influence des passions et des intérêts; l'autre, spontanée, consulte la raison.]

9. On ne doit point *renverser*, ni même ébranler la société; — or, les systèmes nouveaux aboutissent à ce résultat.

(1) Les nos 8 à 26 ne rentrent pas dans le cadre de J.-B. Say. Ils ont pour but de présenter un *résumé* des doctrines développées plus loin.

le plus haut degré possible d'encouragement pour la production ; elle respecte en même temps le principe fondamental de l'équité. (D'*æquum*, égal.)

8. Les économistes se sont crus obligés de procéder comme les physiciens, comme les physiologistes... qui observent ce qui *est*, par exemple : l'appareil du cerveau, des nerfs...; et ne doivent *rien inventer* (1). Mais les savants qui s'occupent de sciences *morales* ne se bornent pas à constater les faits *accomplis* (auquel cas, ils font de l'*histoire*); ils étudient les actes de la *volonté* (2) qui est libre pour l'avenir; ils recherchent ce qui *doit se faire* (3).

L'histoire générale fait voir comment les sociétés actuelles se sont formées. La *guerre* et la *conquête* ont amené *l'esclavage*, puis, avec la féodalité, le *servage*. Le travail ou colonat libre remplace aujourd'hui le servage; les domestiques, paysans, ouvriers remplacent les serfs. V. nos 198, 315.

L'esprit conçoit une hypothèse tout opposée : celle où des associés *libres* et *éclairés* stipuleraient leurs droits réciproques (4). L'économie politique peut, elle doit rechercher quelles seraient, dans cette hypothèse, les conditions selon lesquelles les forces sociales, agissant de concert, produiraient la plus grande somme possible de prospérité (ou de richesses véritables).

9. Loin d'ébranler la société, le progrès scientifique

(1) Ils se bornent à *découvrir*. Les savants ont découvert la circulation du sang; les poètes ont inventé l'hippogriffe.

(2) Destutt-Tracy intitule son économie politique : « Traité de la *volonté*. »

(3) Sous ce rapport, ils se rapprochent des géomètres qui supposent des lignes, des surfaces, des solides *parfaits*, bien que dans la nature on n'en rencontre que d'imparfaits.

(4) Cette hypothèse ne s'est jamais réalisée; on l'a déjà dit à l'occasion du *Contrat social* de J.-J. Rousseau, mais sans expliquer *pourquoi*. La preuve qu'elle n'a *pas* encore *pu* se réaliser se tire de l'ignorance primordiale (ou de ce que je nomme l'imperfection initiale, n° 12).

10. L'histoire a enregistré de nombreuses *violences* commises sous prétexte de réformes politiques.

11. On ne saurait *refaire* l'organisation de l'homme.

12. Elle n'est même pas *perfectible*.

ne tend qu'à lui donner son *maximum de force;* à la rendre *plus équitable*, *plus prospère*...

10. La science véritable n'emploie que les armes de la *logique :* elle *travaille* pacifiquement à *convaincre* ceux qui la méconnaissent.

Les violences ont toujours été *réciproques* entre les *adversaires* et les partisans des réformes. La guerre civile est un fait *commun* aux uns et aux autres.

11. Les hommes ne sauraient *accroître* leurs forces naturelles, mais il leur est loisible *d'améliorer l'emploi* de ces forces.

Ils peuvent, à leur choix :

S'entr'égorger, s'opprimer les uns les autres, *ou bien* vivre dans la concorde et l'échange de sentiments affectueux;

Rester oisifs, *ou* exécuter des travaux immenses;

Tirer des feux d'artifice, *ou* construire des hôpitaux;

Élever des monuments inutiles, *ou* établir des chemins de fer;

Déduire des corollaires logiques de faits exactement observés, *ou* repaître leur imagination de chimères.

. . . .

12. L'homme *débute* par être ignorant. (C'est ce que j'appelle l'*imperfection initiale.*)

A mesure que l'homme apprend à se connaître lui-même, à connaître ce qui l'entoure, la science se perfectionne (le capital intellectuel s'accroît); — à mesure qu'il découvre l'écriture, l'imprimerie... en un mot, les moyens de propager la science, la *diffusion* des lumières s'augmente.

A ce point de vue, l'homme est *perfectible* (1). V. nos 42, 105, 305. CAPITALISATION INTELLECTUELLE.

(1) Plus l'homme s'éclaire, plus il sait produire de choses vraiment utiles et en répartir équitablement la jouissance, plus son bien-être s'accroît. Donc l'homme est perfectible au point de vue de la *production d'utilité* en général. On en verra la preuve dans tout le cours de cet opuscule. V. le tableau du no 32.

13. On *ne* saurait arriver à la perfection.

14. La plupart des hommes sont et seront *toujours* ignorants. — Il y aura *toujours* des crimes, toujours des fautes.

15. Il est impossible de les rendre tous *savants.*

16. Les hommes privés de lumières et de ressources sont *naturellement* forcés d'exécuter les travaux répugnants, pénibles, dangereux... Par l'effet même de leur *concurrence* et de leur *peu d'instruction*, ils ne recueillent qu'un modique salaire, peu ou point de louanges, parfois des railleries... surtout au sujet des travaux répugnants.

17. Les entrepreneurs d'industrie *risquent* de perdre leurs avances et leur travail de direction d'ensemble, par l'insuffisance des débouchés.

Cette perte, s'ils sont insolvables, rejaillit sur leurs bailleurs de fonds et sur leurs ouvriers.

En revanche, si des débouchés imprévus sont ouverts, les entrepreneurs absorbent des bénéfices *sans limites.*

Ces bénéfices ne rejaillissent point, en général, sur les bailleurs de fonds et les ouvriers, qui se contentent d'une créance *invariable.*

13. L'homme, sans atteindre jamais la perfection, s'en approche de plus en plus (1).

Donc, le progrès est possible. V. n° 117.

14. Tous les hommes ont la faculté de *penser ;* donc tous (sauf le cas d'infirmité) peuvent s'instruire et communiquer leurs lumières. — Le progrès de l'instruction *diminue* les crimes. V. nos 53, 84 à 86, 311. ÉDUCATION UNIVERSELLE.

15. Il suffit, pour la prospérité commune, que tous possèdent une instruction *générale*, comprenant des notions élémentaires ; — chacun reçoit ensuite une éducation *spéciale*, appropriée à son genre de travail.

16. Nul ne consent à être humilié par ses associés. Tout homme qui exécute un travail nécessaire (ou même simplement utile) à ses semblables a droit d'être estimé, d'être protégé contre l'*humiliation* que voudraient lui infliger des égoïstes et des oisifs. V. n° 311. HONORABILITÉ DU TRAVAIL.

17. Une société rationnellement organisée sait qu'elle ne peut exister sans travail ; elle veut qu'aucune force ne soit perdue. Pour atteindre ce but, elle dresse le *compte* de ses besoins et de ses ressources. Elle avertit les producteurs de la somme d'utilité voulue, et tous ceux qui se renferment dans les limites indiquées ont la certitude d'obtenir la récompense de leurs fatigues.

Réciproquement, l'équité s'oppose à ce qu'un travail

(1) On peut rendre cette vérité *sensible* à l'aide de certaines démonstrations mathématiques. Convertissez 1/3 en décimales, vous obtenez une série infinie de 3 : 0,333... Jamais, fût-ce au bout de mille siècles (!), vous n'atteindrez la fraction 1/3 ; mais *chaque* addition d'un 3 nouveau vous en *rapprochera :* ne vous lassez pas d'ajouter des 3 au quotient.

18. Ceux qui possèdent gratuitement un revenu dont ils peuvent ou veulent se contenter restent *oisifs;* la loi les y autorise par son silence; ils satisfont leurs besoins ou désirs par le travail *d'autrui* qu'ils payent avec leur revenu.

19. Réciproquement, les individus sans ressource, pressés par le stimulant de la *nécessité,* travaillent souvent *au delà* des bornes que prescrit l'hygiène; ils sont, en outre, faute de loisir et d'éducation, privés des jouissances *morales* et *artistiques.*

20. Les mêmes sont forcés, faute de revenu, d'accepter un modique *salaire,* réduit encore par leur propre concurrence, même quand ils ont bravé le danger, le dégoût, la fatigue.... tandis que les individus munis de ressources antérieurement acquises par eux ou par autrui *attendent* les occasions favorables ou se jettent sur les arts *libéraux* et les *fonctions* publiques, c'est-à-dire sur les travaux qui procurent *plaisir* et *honneur.*

soit récompensé *plus* qu'un autre (sauf à tenir compte du danger, du dégoût, de la fatigue). ˜a direction d'ensemble n'attribue nul droit à un privilége.

Les producteurs sont *avertis* des besoins à la satisfaction desquels il consacreront utilement leur travail. V. n°s 56, 134, 141 et suiv., 234, 279. STATISTIQUE UNIV. ET PERPÉT.

18. Pas d'utilité artificielle sans travail.

La société qui veut obtenir le maximum d'utilité réunit toutes ses forces; elle exige que *tous* les individus (non infirmes) *travaillent.* V. n°s 82, 87, 88, 390 et suiv. COLLABORATION UNIV. ET PERP. (*Participation égale aux charges publiques.*)

19. Nul ne s'associerait, s'il devait compromettre sa santé, s'il devait abdiquer tout droit au *bonheur.*

Tous les associés se prévalent des préceptes de l'*hygiène;* tous revendiquent, dans la mesure permise par l'état de la société, les jouissances artistiques et littéraires ; tous veulent être protégés contre les *infirmités* de la vieillesse et l'impuissance de travailler qui l'accompagne. V. n°s 201 et suiv. RÉMUNÉRATION UNIV. ET PERP. DU TRAVAIL. (*Participation égale aux bénéfices de l'associat. et notamment à la protection contre les infirmités.*)

20. Tout travail mérite salaire.

Le salaire doit être proportionné à la grandeur de la charge.

Donc on doit tenir compte : du *danger*, du *dégoût*, de la *fatigue*... pour élever la récompense;

Du plaisir, de l'honneur... pour la *diminuer*.

Les avantages *naturels*, la beauté, la force, le talent... ne constituent pas un *mérite* digne de récompense ; il suffit que la liberté d'en jouir soit reconnue. — Réciproquement, les défauts naturels, la laideur, la débilité de corps ou d'esprit... ne constituent pas

21. Le maître de la force naturelle ou de la richesse artificielle, provînt-elle du travail d'autrui, dispose, dénature..., même pour satisfaire un pur *caprice*, ou par l'opinion qu'il a que la chose ne *lui* sert plus à rien. *Jus abutendi*.

22. Il laisse les forces naturelles (élaborées ou non) *sans exploitation*, à son gré; — c'est ce qu'il fait volontiers, s'il n'obtient pas la *prime* qu'il demande.

23. Quelques-uns achètent uniquement *pour revendre*, ou vendent uniquement *pour racheter*. Ils spéculent et cherchent un déplacement de richesse à leur profit, mais ne produisent pas un atome de richesse nouvelle.

24. Ici le luxe, là l'indigence.

25. Quelques-uns jouissent jusqu'à la satiété, sans rien faire; ou bien ils exécutent, à leurs heures, des travaux *libéraux* qui leur plaisent; d'autres souffrent de la faim ou sont privés de vêtements, de logement, de chauffage.... même en *offrant* un travail assidu.

26. Un individu a, par son travail, produit

une *faute* digne de punition. C'est assez que la Nature fasse subir une disgrâce inévitable. V. nos 44, 150, 211, 291. RÉMUNÉRATION PROPORTIONNELLE.

21. Nul n'a droit de détériorer, de détruire ce qui *peut* être utile à d'autres.

Les objets délaissés ou perdus sont déposés et distribués. V. nos 97, 358 et suiv. CONSERVATION. (Exclusion du *jus abutendi* autrement que pour jouir et reproduire une utilité plus grande.)

22. La Société qui veut porter la production au maximum exige que *toutes* les forces soient exploitées. V. nos 82 et suiv. EXPLOITATION UNIVERSELLE ET PERPÉT. DES FORCES.

23. La Société ne récompense que le travail utile et exige que toutes les forces agissent pour produire une utilité plus grande. V. nos 189, 178, 277. UTILISATION de *toutes* les forces. *Exclusion* de la *spéculation*.

24. La Société encourage, exige *avant tout* la production du nécessaire.

Quand *nul* ne manque du nécessaire, elle encourage, elle exige la production de l'utilité proprement dite (*comfort*, *comfortable*, aisance).

Les jouissances littéraires et artistiques et le luxe viennent plus tard. V. nos 35, 241, 260. GRADUATION ou *Ordination* raisonnée du travail.

25. La Société *ne* favorise *aucun* de ses membres; elle les protège, tout en leur procurant d'abord les moyens de subsister et de développer leur intelligence, puis l'utile, puis l'agréable.

L'associé qui remplit ses devoirs exerce ses droits. V. nos 18 et 19. EGALITÉ entre les *associés*.

26. L'associé qui exécute, *sans* commettre de *faute*,

une récolte ; le tonnerre, la grêle.... la détruisent. Tant pis pour lui : *res perit domino; væ victis!*

Un autre trouve par *hasard* un diamant d'un million : il n'a plus rien à faire. Le sort l'a favorisé : *gaudeat bene* nanti (Beaumarchais).

I *bis* (1).

De la valeur.

27. La mesure de la *valeur* d'une chose est la quantité d'autres choses qu'on peut obtenir, en l'aliénant, de celui qui l'acquiert.

Le consommateur qui a *besoin* d'acheter est forcé de donner le prix qu'exigent les producteurs. — Le producteur qui a *besoin* de vendre est forcé d'accepter le prix qu'offrent les consommateurs.

28. On apprécie d'ordinaire la valeur en argent monnayé, parce que la valeur de cet instrument d'échange est *mieux connue;* — du reste, on n'accepte l'argent que pour le troquer contre d'autres choses utiles. La vente n'est que

(1) J.-B. Say a craint de faire un chapitre trop court.

le travail encouragé par la Société d'après le dernier état de la science, a droit d'être récompensé, malgré la force majeure qui détruit l'utilité provenant de ses fatigues. Les autres ont le même droit que lui.

La théorie des assurances, actuellement pratiquée, a pour base, au fond, une association entre les assurés.

Réciproquement, les événements heureux, survenus sans que le travail d'un ou de plusieurs associés les ait amenés, profitent à *tous*, et non à quelques-uns. V. nos 45 et suiv. 274-275. ASSURANCE MUTUELLE contre les *maux* naturels. *Participation* universelle aux événements *heureux*.

I *bis*.

Comment mesurer l'utilité produite et la récompense due au producteur.

27. L'utilité se mesure par la somme de *travail* nécessaire pour la produire, en tenant compte du danger, du dégoût, de la fatigue... ou, en sens inverse, du plaisir, de l'honneur...

La Société est tenue de *donner* au producteur la récompense qui lui est raisonnablement due pour son travail.

Le producteur est tenu de *se contenter* de cette récompense.

28. En cas de différend sur la récompense, elle est déterminée par un *magistrat* compétent, de l'avis d'un *savant* spécial.

Cette récompense *peut* être comptée en argent. Dans ce système, la monnaie est la mesure de la récompense du travail. — La *journée* de travail sert naturellement à fixer l'*unité* de monnaie.

la *moitié* d'un échange; l'achat, qui en constitue la moitié complémentaire, s'opère plus tard.

29. Les richesses sociales *n'*appartiennent *qu'*à ceux entre lesquels elles se distribuent par des procédés compliqués, dans des proportions très diverses (J.-B. Say, note 1).

30. L'idée de la propriété ne peut être *séparée* (1) de l'idée d'une mesure des richesses (J.-B. Say, note 2).

[Cette question sera plus amplement traitée au chap. XIV, nos 179 et suiv.]

31. Quand la valeur augmente, le possesseur

(1) Cette proposition me paraît obscure; aussi je la reproduis textuellement.

29. La récompense du travail consiste dans la *satisfaction* des besoins et des *désirs* raisonnables. Nul ne se soumet librement aux charges communes, si l'on ne lui promet cette satisfaction dans les limites que pose le dernier état de la science.

La société qui veut prospérer autant que possible assure à tous ses membres d'abord le nécessaire, puis l'utile proprement dit, puis l'agréable.

30. L'idée de production utile, digne de récompense, ne peut être séparée de l'idée de *satisfaction* des besoins ou des désirs. Une chose qui ne satisfait aucun désir n'est bonne à rien : ce n'est pas de l'utilité véritable. On ne travaille que *pour* obtenir la satisfaction d'un désir.

Aussi le producteur veut-il acquérir sur le produit le droit indispensable pour employer ce produit à *satisfaire* ses désirs, savoir : le droit de destruction (*jus abutendi*), s'il s'agit de choses *quæ ipso* (ou *primo*) *usu consumuntur* : le blé, le vin, les denrées... — le droit de jouissance *exclusive* (avec destruction lente), s'il s'agit de choses dont on absorbe l'usage pour son individu ou pour sa famille : un vêtement, un logement de grandeur moyenne... — le droit de jouissance *alternative* ou collective, s'il s'agit de choses qui doivent servir à tous : une grande route, un monument public, un tableau de Raphaël....

Dans ces derniers cas et d'autres analogues, la jouissance se combine avec l'obligation de *conserver* et même reste subordonnée à cette obligation, si la chose est rare ou nécessite un travail considérable pour être remplacée. V. C. civ., 605.

31. Quand un genre d'utilité vient à manquer, il faut, pour que les besoins corrélatifs soient satisfaits,

s'enrichit; le non-possesseur s'appauvrit. La richesse nationale ne varie pas. Par exemple, le blé renchérit; — les propriétaires de blé deviennent *plus* riches; les autres *moins;* la Nation, ni plus ni moins.

Ire PARTIE.

PRODUCTION DES RICHESSES.

II

Utilité. — Production.

32. J.-B. Say reconnaît implicitement une utilité *artificielle,* produit du travail, à laquelle on peut opposer l'utilité *naturelle,* que donne gratuitement la nature aux hommes les plus *oisifs;* mais il ne fait pas nettement ressortir l'*insuffisance* de l'utilité naturelle et l'infériorité de l'état sauvage.

Plus loin (chap. XXVII), il conseille certaines dépenses publiques dans un intérêt *moral;* mais avec réserve et défiance. V. nos 375, 382.

qu'un travail *extraordinaire* et supplémentaire soit exécuté, au risque de voir manquer un autre genre d'utilité moins urgent. — Par exemple, si les vêtements font défaut, il convient d'en fabriquer, dût-on confectionner un moins grand nombre d'objets de luxe.

Réciproquement, si le nécessaire *surabonde*, on consacrera la somme de travail qui aurait servi à en produire encore davantage, à confectionner des objets d'une utilité *moins* urgente.

La Nation est au maximum de prospérité, lorsque tous les hommes non infirmes travaillent le plus qu'ils peuvent sans altérer leur santé ; — lorsqu'ils produisent la plus grande somme d'utilité possible d'après le dernier état de la science, tout en satisfaisant leurs désirs raisonnables, d'après la même base.

Ire PARTIE.

PRODUCTION DE L'UTILITÉ.

II

La Société doit-elle encourager la production de l'Utilité? d'une utilité fausse, non urgente, négative, intellectuelle?

32. La Société doit encourager (1) et parfois surveiller la production de l'Utilité.

L'homme qui n'exécuterait jamais aucun travail serait exposé à mourir de faim, à périr de mille manières. Il le serait encore s'il ne faisait que le travail nécessaire pour cueillir les fruits mûrs, venus naturellement, ou prendre certains animaux faciles à saisir et susceptibles d'être mangés sans préparation. Son

(1) On verra, au chap. XVII, que les anciens conseillaient aux gouvernements de *s'abstenir* : laissez faire, laissez passer, n° 259.

Bien mieux, la plupart des hommes considèrent la morale et le droit naturel (1) comme des théories innées, *gravées* tout *entières* dans *tous* les cœurs, non susceptibles de démonstration ni de perfectionnement.

Quelques-uns (J.-J. Rousseau...) ont soutenu que la *civilisation* est nuisible et contre nature.

Des poètes ont cru que tout va en dégénérant (Hor.); ils ont inventé un âge d'or, remplacé bientôt par un âge d'argent, puis par un âge de fer... Des découvertes récentes les contredisent : l'âge de *pierre* aurait précédé un âge de *bronze*, antérieur au nôtre. V. n° 117.

Le tableau suivant donne une idée de l'*infériorité* d'un pays où les hommes sont isolés ou mal unis (2), par rapport à un pays dont les habitants sont librement et équitablement associés :

ÉTAT NATUREL.

Terrains	couverts de ronces, de forêts, d'animaux dangereux... séparés par des montagnes, par des rivières, par la mer... trop secs, dénués de cours d'eau navigables... humides, submersibles... dénués d'abri...

(1) *Naturalia jura... apud* OMNES (!) *gentes peræque observantur;... semper firma atque* IMMUTABILIA *permanent*... Inst., § 11, *de jure naturali*. — *Id.* Portalis : la loi naturelle... est de *tous* les *pays* (!) et de tous les *siècles* (!!). — Cette erreur vulgaire provient d'une confusion entre les *phénomènes* et la *description* des phénomènes; c'est comme si l'on disait que l'astronomie est immuable, parce que la terre a toujours tourné autour du soleil.

(2) Je mets les choses au pire pour la clarté. Il est clair que

ignorance serait à peu près complète; ses facultés les plus brillantes resteraient sans développement.

Un travail immense est indispensable pour détruire les animaux nuisibles, défricher les terres, élever des maisons, construire des ports, des vaisseaux, fabriquer des meubles, publier des livres, développer les facultés intellectuelles et morales...

Les doctrines contraires viennent de diverses erreurs sur la nature des sciences. Toutes les sciences se forment par l'*observation* des faits et l'application du raisonnement aux faits dûment constatés. C'est là un double travail, sans lequel nulle science ne serait possible et dont l'action amène un perfectionnement presque continu.

Quant à la civilisation, si l'on entend par là le développement physique, moral et intellectuel, il est trop évident qu'elle est un bienfait. L'homme y est porté par un penchant fort naturel. Il est vrai qu'il a certains penchants vicieux, l'ambition, la cupidité et d'autres qui seraient sans aliment dans la *solitude*. Mais les progrès de la science ont révélé les moyens de lutter contre ces vices antisociaux. V. n° 369...

Le tableau suivant donne une idée de la *supériorité* d'une société qui travaille sur une société oisive, et à plus forte raison sur des individus isolés :

ÉTAT CIVILISÉ.

Terrains	défrichés, purgés d'animaux nuisibles... sillonnés de routes, de ponts, de tunnels,.. bordés de ports de mer, de rades (navig.)... arrosés, coupés de canaux (nav. intérieure)... asséchés, drainés, endigués... bâtis, couverts de villes, de maisons avec paratonnerres...

Exploitation des mines, carrières (forges, ateliers)...

Culture du blé, de la vigne (pâturages, pépinières, greffes)...

Minéraux } rares, disséminés, difficiles à saisir,
Végétaux } confondus avec les espèces nuisi-
Animaux } bles ou inutiles...

Esprits incultes :

Absence de moyens de communiquer les idées...
d'éducation morale.
Croyance au surnaturalisme; fétichisme...
Triomphe de la force et de la ruse; arbitraire...
Domination des forts, des ambitieux...
Asservissement des faibles...
Point de limite à l'irritabilité naturelle... Rixes, duels....
Guerre, conquête... entr'égorgement (1), oppression des vaincus...

33. Dans l'état de communauté fortuite, l'individu est libre de considérer une chose comme utile, en prenant pour point de départ ses passions, sa vanité, ses *préjugés* (2). L'individu producteur est libre de consacrer son travail à la satisfaction des préjugés, des passions... de celui qui le paye (ou profite de sa libéralité).

les idées de J.-B. Say et autres, amènent un progrès déjà considérable et dont l'exposé nécessiterait un tableau intermédiaire, que j'omets pour simplifier.

(1) On fait cuire les prisonniers dans des fours; on les scie; on fait passer sur eux des chariots de fer... (Reg. II, xij, 31). — V. l'histoire des *sauvages*.

(2) Tout en posant ce principe, J.-B. Say reconnaît que les vêtements fastueux, etc., sont des consommations « *mal* entendues. » Chap. XXVI, n°s 351 et suiv.

Fabrication du pain (greniers, moulins, boulangeries, marchés).

Elève des bestiaux (haras, abattoirs, tanneries), pisciculture, apiculture...

. . . .

Développement moral et intellectuel :

Ecriture, dessin, lithographie, imprimerie...

(Ecoles, bibliothèques, observatoires, musées, théâtres...)

Application de la logique à l'étude des sciences; observation des faits, recherches historiques...

Culture du droit naturel, de la morale; législation rationnelle...

Exclusion du pouvoir absolu...

Exclusion de l'esclavage et de ses équivalents...

Etablissement de tribunaux réguliers...

Paix, sécurité, indépendance et alliance des peuples...

. . . .

33. La Société ne doit encourager que la production d'utilité *véritable*. Autrement, elle ferait un mauvais emploi des forces immenses dont elle dispose.

La vérification de l'utilité est faite par les savants d'après le dernier état de la science.

L'utilité *fausse*, basée sur un préjugé, sur un caprice..., ne mérite pas la protection sociale. Elle profite seulement de la *tolérance :* la liberté de penser implique la liberté de l'erreur jusqu'à ce que la conviction ait été *pacifiquement* opérée.

Les associés qui ont accompli la *tâche* imposée par la loi demeurent libres d'employer ensuite leur travail spontané à la satisfaction de leurs préjugés, de leurs caprices, des préjugés ou caprices de leurs sectateurs. Exceptons les cas où il y aurait *danger* manifeste pour la Société; par exemple, si un meurtrier stipule la fabrication d'un poignard, d'un poison, d'un instrument destructeur quelconque.

34. Le propriétaire d'une chose utile, dans des circonstances où cette chose est devenue très rare (par exemple, un verre d'eau sur un navire qui en manque), a droit de stipuler, en la cédant, un prix *illimité*. V. J.-B. Say, note 6.

35. La richesse est proportionnelle à la *valeur* (J.-B. Say, chap. I), et non au degré d'utilité véritable.

Donc, si un grand nombre d'hommes concourent pour labourer, semer, récolter, moudre, pétrir le pain, pour fabriquer des *aliments* quelconques.... ils n'obtiendront qu'un modique salaire; — même observation pour les travaux pénibles, répugnants, dangereux..., (s'ils ne requièrent une éducation distinguée). V. n° 311.

Réciproquement, un millionnaire aime-t-il les feux d'artifice, les cérémonies superstitieuses (1), les armoiries...? Il attirera facilement les producteurs de ce côté, par l'appât de *fortes récompenses*.

(1) V. la biographie du marquis de Brunoy, fils de Pâris-Montmartel. Il fit, dit-on, faire un dais qui lui coûta 500,000 livres.

34. Quand les circonstances font craindre que les associés ne manquent du nécessaire (par exemple, pendant un long siège), la Société a droit de requérir le *rationnement* au profit de tous.

Nul n'a droit d'affamer les autres, n° 188.

35. L'Utilité a, ce me semble, trois (1) principaux degrés d'*urgence* :

Le *nécessaire* (ce qui comprend un certain développement moral et intellectuel).

L'*utile* proprement dit (*com*fortable, aisance).

L'*agréable* (luxe, faste, raffinements rationnels de tout genre).

La Société doit *avant tout* se procurer le nécessaire pour *tous* ses membres (*primum vivere*) ; après la nourriture proprement dite, viendra la nourriture intellectuelle, l'instruction plus ou moins élémentaire, selon le degré de civilisation.

Le nécessaire acquis, la Société recommandera la production de l'utilité sans laquelle on peut rigoureusement subsister, mais qui rend la vie plus douce : une table garnie d'aliments sains, bien apprêtés, des vêtements amples et chauds... en un mot, ce que les Anglais désignent par les mots *comfort* ou *comfortable*. On y joindra des notions scientifiques, morales ou juridiques plus étendues.

Plus tard, la Société pourvoira ses membres de toutes les délicatesses de la vie, des *raffinements* de la politesse, de notions étendues sur la littérature et les arts.

La civilisation, c'est-à-dire le perfectionnement social, a une *infinité* de degrés. On peut les réduire à *trois* principaux, selon que la nation dont il s'agit possède seulement le nécessaire, ou y a joint l'utile, ou bien enfin possède en outre le luxe avec les merveilles de la poésie, de la peinture, de la musique...

(1) L'esprit en conçoit une infinité.

36. Quelques économistes ont douté que l'industrie du chirurgien qui extirpe un membre gangrené fût productrice d'utilité. La plupart gardent le silence sur la *destruction* des choses *nuisibles* et des *préjugés* (V. chap. IX). D'autres ont douté que le travail des savants, moralistes, littérateurs, artistes... fût utile.

III

Industrie.

37. J.-B. Say admet plus loin (chap. VII, dont les principes sont ici sous-entendus) que la valeur est produite par l'action de trois forces combinées : l'industrie, les *capitaux*, les *fonds de terre* (ou autres instruments *naturels*). Nos 78 à 80. Les bénéfices illimités, diminués du salaire fixe de l'ouvrier, appartiennent à l'entrepreneur, qui paye : au propriétaire foncier, des fermages, au capitaliste, des intérêts (les uns et les autres *fixes*, en général).

Ainsi, l'action productrice des forces *naturelles* est rémunérée.

38. Si l'action du travail mérite récompense, il en est ainsi de l'action productrice du capital, puisque tout capital *suppose* un travail.

36. Ceux qui, avec les algébristes, admettent des quantités *négatives*, concevront aisément que la *destruction* d'un *mal* équivaut à la production d'un bien. V. nº 109. Ceux qui apprécient l'importance du développement moral et intellectuel, n'hésitent pas à placer le travail qui produit ce développement à la suite ou au niveau du travail qui produit les choses indispensables à la vie (nº 32), et bien au-dessus de celui qui satisfait les jouissances de luxe.

III

Quelle action productrice la Société doit-elle récompenser? Quels travaux utiles doit-elle encourager de préférence? Tient-elle compte de l'urgence, du danger, du dégoût, de la fatigue?

37. Le Travail, c'est-à-dire l'action (ou la série d'actes) de la volonté humaine, qui brave librement une fatigue pour créer l'*Utilité*, le Travail, dis-je, est seul digne de récompense.

L'action de la nature qui accumule les minéraux, qui reproduit et entretient les végétaux et les animaux est un *phénomène* pur et simple : elle ne constitue un *mérite* pour *aucun* des individus de la Société, au détriment des autres.

Donc la Société ne doit de récompense qu'à l'associé qui travaille.

38. Le capital provient de l'action de la nature et de l'action du travail, combinées. La première ne constitue pas un mérite pour cela. Si l'action du travail *a été* récompensée, comme elle a dû l'être, il ne reste

39. Le travail, considéré comme productif de valeur, est nommé *industrie* par les anciens économistes.

40. Le nombre des manières de produire de l'utilité [par le travail] est infini ; il est commode de les ramener à trois : l'industrie *agricole*, l'industrie *manufacturière*, l'industrie *commerciale*.

41. L'industrie agricole *recueille* les produits naturels, sans les modifier en rien ;

L'industrie manufacturière les *transforme ;*

L'industrie commerciale les *transporte* au lieu où réside le consommateur, les met à sa portée.

plus que le phénomène *naturel*, à l'occasion duquel nul associé n'a droit de s'adjuger une *prime*, v. nº 79.

39. Le mot « industrie », dont le sens est trop restreint par le langage ordinaire, a trompé les anciens auteurs eux-mêmes (V. chap. IX). — L'expression *travail utile* comprend toute espèce de production d'utilité imaginable : poésie, musique, science, éducation, exercice de fonctions publiques, emplois militaires..., tout y rentre. V. nºs 3, 32, 42.

40. La division vulgaire des modes d'industrie n'offre aucun intérêt au point de vue de la théorie des *récompenses* (tous ont leur mérite), ni pour résoudre la question de savoir quels travaux doivent être exécutés *avant* les autres (tous sont urgents, dans certaines circonstances). La division vulgaire, si elle était complète, servirait du moins à prouver combien l'utilité naturelle est *insuffisante*. Mais une analyse plus subtile, plus approfondie, est nécessaire à qui veut découvrir combien l'homme a besoin d'efforts pour obtenir un degré même médiocre de civilisation.

41. Je distinguerai, pour plus de clarté et sous la réserve des critiques, entre le travail *physique* et le travail *moral* ou intellectuel.

TRAVAIL PHYSIQUE.

Locomotion.	Vénerie, ascension des montagnes...
Investigation.	Recherche des objets utiles...
Occupation.	Récolte, capture du gibier, extraction des minéraux...
Préparation.	Plantation, excavation, coction...
Transformation.	Conversion du blé en pain, de la laine en drap...
Translation.	Voiturage par terre et par eau...
Conservation.	Mesures pour prévenir la décomposition...

42. Les anciens économistes n'ont pas tenu compte des travaux et capitaux que j'appelle moraux ou intellectuels.

[Néanmoins, J.-B. Say admet des produits immatériels. V. chap. IX.]

A plus forte raison, n'ont-ils pas fait rentrer le travail du savant, de l'instituteur, du magistrat,... dans l'*industrie*. Et cependant, une nation peut-elle prospérer sans leur secours?

Destruction.	Suppression des choses nuisibles; guerre *défensive*...
Multiplication.	Élève des bestiaux, pisciculture, greffe...
Constatation.	Statistique des besoins et ressources...
Permutation.	Echanges individuels ou internationaux...

. . . .

42. TRAVAIL MORAL OU INTELLECTUEL (1).

Communication.	Publication des idées, propagation des vérités anciennes et nouvelles...
Démonstration.	Travail des logiciens et savants quelconques en cosmologie, idéologie, morale, droit...
Persuasion.	Travail des orateurs et écrivains...
Production de jouiss. corrélat. à l'imagination, à la sensibilité.	Travail des historiens, des littérateurs qui exposent la vérité... des poètes, artistes... employant la fiction...
Education (2).	Travail des instituteurs, des aliénistes, des professeurs...
Législation.	Rédaction des lois, règlements...
Administration.	Travail des ministres, préfets, maires, fonctionnaires quelconques...
Conciliation.	Travail tendant à prévenir les procès...
Judication (3).	Travail tendant à terminer les procès.

. . . .

(1) Je néglige le travail *interne* d'observation, de méditation, de ratiocination (comparaison et jugement), d'investigation des causes, de combinaison des idées... Les autres hommes ne connaissent ce travail que par suite d'une *communication* ultérieure des idées qui en résultent.

(2) Je propose d'appeler *animi-culture, populi-culture*... le travail qui a pour but d'instruire et de moraliser les autres hommes, isolés ou réunis.

(3) Ou judicat*ure*.

43. Les travaux moins utiles que les autres s'exécutent parfois *auparavant*, par le caprice, l'ignorance des capitalistes, propriétaires, entrepreneurs, ouvriers, ou simplement par suite du petit nombre d'ouvriers ou d'entrepreneurs formés en vue du travail indispensable dont il s'agit.

Si les boulangers manquent, le *pain renchérit* ou se fait mal, au moment où la *dentelle baisse* et se perfectionne.

44. Les travaux dangereux, répugnants, pénibles sont presque toujours *mal payés*. On les abandonne aux hommes dénués de fortune et d'éducation, forcés de les exécuter, faute de mieux. L'état militaire seul, bien que périlleux en temps de guerre, attire des hommes bien élevés, par l'espoir des *grades* et des *honneurs*.

L'intérêt des conquérants le veut ainsi.

43. Les travaux sont plus ou moins *urgents*, suivant qu'ils sont :

Nécessaires,
Utiles,
D'agrément.

Il est facile d'indiquer les choses nécessaires ; les quatre principales sont énumérées dans ce vers mnémotechnique :

Aliments, vêtements, logement, pansement (1).

Ajoutons-y l'instruction primaire :

Morale, puis lecture, écriture, calcul.

Dans certains pays, la destruction des animaux féroces, des objets nuisibles ou dangereux, est urgente pour la sécurité des habitants.

La raison prescrit, ce me semble, de produire les choses de nécessité *avant* de songer aux choses de luxe.

L'énumération des objets qui constituent le comfortable et le luxe est sujette à controverse. Je m'abstiens d'en proposer une ; je me contente d'énoncer un principe incontestable.

44. Les travaux sont plus ou moins *méritoires*, suivant qu'ils sont :

Dangereux,
Répugnants,
Pénibles,
Agréables,
Glorieux.

. . . .

Le couvreur *risque* sa *vie* : il a droit de demander une récompense *plus* forte que le peintre, le musicien, qui sont excités par l'espoir de la renommée et jouissent de leur œuvre même. S'il se blesse, sans faute de

(1) « Médicaments » serait plus clair. — Autre formule : se nourrir, s'habiller, se loger, se guérir.

IV

Opérations communes à toutes les industries (1).

45. Il faut qu'un entrepreneur prenne le produit à ses *risques*.

Il en supporte la perte ; il reste sans récompense si le produit ne se vend pas.

(1) J.-B. Say aurait pu dire : conditions du succès des *entrepreneurs*.

sa part, une compensation lui est due pour la souffrance éprouvée.

Les infirmes, devenus tels en rendant service, par par accident ou même par leur faute (sauf responsabilité légale), les enfants, les vieillards... sont secourus par la Société, selon des règles *distinctes* de la théorie des récompenses. V. n°s 88, 381.

Les objections tirées de la difficulté d'une réforme seront examinées plus loin, n° 120.

IV

Est-il indispensable de subordonner les associés qui collaborent, à l'un d'entre eux? Est-il juste de récompenser l'un plus que les autres? La Société ne doit-elle pas éclairer les individus sur le genre d'utilité qu'il convient de produire?

45. Un *premier* producteur est forcément seul; mais il ne peut faire que bien peu de chose. Dès qu'il rencontre d'autres producteurs, dans son intérêt même, il *s'entend avec eux.*

Donc le principe nouveau est celui-ci : Pour produire un ouvrage utile, il faut que des travailleurs en nombre suffisant *s'obligent* à y *collaborer* ou *coopérer* de manière à procurer le résultat désiré.

J.-B. Say reconnait du reste qu'il faut à l'entrepreneur un capital, c'est-à-dire, comme on le verra au chap. v, qu'il a besoin d'un travail *préliminaire* de plusieurs associés. V. n° 62.

Les producteurs qui collaborent à un produit, avec l'approbation de la Société, n° 56, répondent envers elle de leur *faute*, mais ne répondent que de cela; les risques provenant de force majeure sont à la charge de la *Société* qui les a encouragés au travail et ne saurait prospérer sans ce travail.

46. L'entrepreneur qui a besoin d'être aidé par des ouvriers les *choisit*. En effet, il répond de leur faute (C. civ., 1797).

47. Aussi jouit-il seul des *honneurs* publics décernés au succès.

48. Il faut que l'entrepreneur *dirige* les ouvriers.

S'il préfère demeurer inactif (par ex., s'il possède un capital considérable), il fait diriger les ouvriers par un sous-entrepreneur (ouvrier principal) de son *choix*. Même motif qu'au n° 46.

La Société demande au boulanger 100 kilogr. de pain, à l'architecte une maison de cinq étages. Le tonnerre détruit le pain et la maison ; à qui la faute ? C'est un malheur *commun*. Il suffit que le boulanger et l'architecte, supposés valides, soient prêts à recommencer leur besogne.

46. Si les *collaborateurs* se chargent spontanément de la production, ils se choisissent *tous :* aucun d'eux n'entre malgré les autres dans cette société *secondaire*. Chacun répond de sa faute, mais ne répond que de la sienne et non de la faute de ses collaborateurs, s'il n'a pu l'empêcher.

47. Tous ces hommes, travaillant ensemble, ont droit pareil à une récompense, à l'estime de leurs semblables. Il ne doit *pas* y avoir *lutte* entre eux, mais assistance réciproque pour le succès qui est leur but commun.

48. Quand la production est complexe (et c'est le cas le plus ordinaire), quand elle est composée de plusieurs opérations élémentaires, il est sage de charger l'un des collaborateurs ou *coopérateurs* de surveiller, de *diriger l'ensemble*.

Cette direction d'ensemble peut sans doute être confiée par le libre suffrage de tous les collaborateurs à celui qu'ils jugent le plus *capable*, le plus digne.

Mais si, comme cela est désirable, n° 53, tous ont reçu l'éducation générale et spéciale qui convient à la production dont il s'agit, chacun devient à son tour *Directeur d'ensemble*. Ce mode prévient les jalousies, les humiliations, les soupçons d'égoïsme ambitieux ou intéressé...

Quand la production est nécessaire et que la disette de candidats force la Société de *requérir* des producteurs, elle choisit le directeur d'ensemble par la voie du *concours*, ou prescrit l'alternement, avec tirage au *sort*.

49. L'ouvrier ne court *aucun risque* si le produit périt, ou ne se vend pas, faute de débouchés. En cas d'insolvabilité de l'entrepreneur, la perte retombe indirectement sur l'ouvrier, s'il n'a déjà reçu son salaire.

50. En cas de succès, l'ouvrier *ne* reçoit *que* son salaire; l'entrepreneur recueille un gain sans limites, sauf le prélèvement des fermages, loyers ou intérêts, dont le montant est fixe (hors le cas de société entre l'entrepreneur et les capitalistes).

51. Le droit de l'entrepreneur est fondé presque toujours sur la possession d'une terre, d'un capital, d'où est dérivée une *éducation* plus complète et la possibilité de subsister plus longtemps, quand il faut *attendre* le succès.

52. On ne saurait confondre avec le travail vulgaire l'industrie qui suppose des combinaisons *relevées,* parfois le génie de l'invention.

53. L'entrepreneur doit acquérir les *connaissances* qui sont la base de son art; l'ouvrier ne peut remplir cette condition, ou ne le peut pas aussi aisément.

L'entrepreneur ignorant de son art ne joue au fond que le rôle de capitaliste. V. n° 48.

49. Il n'est pas équitable que l'un des collaborateurs soit récompensé, alors que l'autre supporte une *perte*. Aussi l'entrepreneur vulgaire ne concède-t-il à l'ouvrier ce privilége que pour en stipuler un autre bien plus avantageux, d'après les *probabilités*, et que l'ouvrier accorde uniquement par nécessité de situation.

50. Il n'est pas équitable qu'un bénéfice illimité soit absorbé par un seul homme, qui peut-être a bravé *moins* de périls, de dégoûts, de fatigues; qui peut-être a mené une vie luxueuse, pendant le labeur de ses subordonnés.

51. On verra plus loin, nos 198, 315, que l'inégalité sociale est le résultat de causes *accidentelles*, telles que la guerre, la conquête, la féodalité..., causes qui, espérons-le, ne se renouvelleront plus.

52. Tout travail utile *mérite* estime et encouragement. Il en mérite encore plus s'il expose à des risques, à des dégoûts, à des fatigues.

Quant aux inventeurs et aux savants, si l'on a pourvu à leur subsistance, la *gloire* peut les dédommager, sans parler du *plaisir* qu'ils ont goûté eux-mêmes. V. no 305.

53. La Société est intéressée à ce que tous les associés, quel que soit leur travail, possèdent une instruction générale qui leur démontre : 1° les avantages énormes qu'ils retirent de l'association (*droits* sociaux); 2° les conditions auxquelles ces avantages sont subordonnés (*devoirs* sociaux) et particulièrement : la nécessité de travailler soi-même pour obtenir le travail d'autrui.

Elle est encore intéressée à ce que chaque producteur possède l'*instruction* voulue pour l'ensemble du

54. L'entrepreneur, seul responsable des résultats, est libre de *négliger* son instruction, d'omettre toute surveillance, inspection ou direction; — d'abandonner à son gré l'entreprise.

55. Il *choisit* les moyens, les instruments, comme ses agents. V. n° 46.

56. L'entrepreneur *calcule* les frais de production et la valeur du produit.

Il les compare pour savoir s'il y aura bénéfice; sinon, il ne commence pas, ou bien il interrompt l'entreprise.

travail, pour ses diverses parties et en particulier pour l'opération dont il est chargé personnellement.

En somme, il convient que tous les associés reçoivent : comme destinés à vivre en société, une éducation *générale ;* comme tenus de travailler, une éducation *spéciale*, laquelle comprend, non-seulement la théorie de chaque opération particulière de la production à laquelle se consacre tel ou tel associé, mais encore la théorie générale de cette production envisagée dans son ensemble.

Dans ce système, celui qui inspecte les diverses opérations, pour s'assurer qu'elles convergent toutes vers le but commun, n'a droit à aucune prérogative, à aucun *privilége ;* chaque collaborateur remplit même ce rôle à son tour.

54. L'intérêt de la Société est que l'ensemble des opérations productrices soit *bien* dirigé (surtout s'il s'agit de produire du nécessaire, — en cas de disette). Elle obtient ce résultat à l'aide de l'éducation générale. — Elle a droit de requérir le travail ; elle a droit de *prohiber* sa *suspension ;* et, sous ce rapport, le directeur d'ensemble n'a aucun privilége. Veut-il se retirer avant le dénouement ? Il se fait remplacer sans délai, s'il le peut, du consentement de la Société.

55. Tous les collaborateurs sont responsables : ils se *choisissent* eux-mêmes. Exceptez le cas où la Société stipule que le directeur d'ensemble sera nommé au concours ou désigné par le sort, qu'il aura pouvoir de déterminer les instruments. V. nos 46, 48.

56. La société, intéressée à ce que le nécessaire se produise sans sacrifice inutile, fait exécuter un travail de *Statistique*, bien plus praticable pour elle que pour des individus.

On constate les besoins, la somme des produits des-

Ses erreurs tombent sur lui ; en cas d'insolvabilité, elles rejaillissent sur ses ouvriers et bailleurs de fonds.

V

Capital.

57. Il est impossible de rien produire *sans* un capital.

N. B. L'impossibilité est plus certaine encore pour les forces naturelles ; et, d'ailleurs, comment former des capitaux sans le secours de la

tinés à les satisfaire, le nombre de travailleurs indispensable. — Par exemple :

Tant de millions d'hommes;
Tant de kilogrammes de pain par personne ;
Tant d'hectares cultivables en blé;
Tant de laboureurs, semeurs, moissonneurs;
Tant de meuniers;
Tant de boulangers...

Quand on a constaté combien de personnes ont besoin de pain, combien il en faut à chacune, combien de farine, combien de blé il faut pour fabriquer la quantité de pain voulue, on calcule aisément combien de laboureurs, de meuniers, de boulangers sont indispensables. On sait si les travailleurs existants *suffisent*; s'ils ne suffisent point, l'on en recherche d'autres pour les compléter; on les requiert en cas de refus. On a dès lors *certitude* de nourrir tous les associés, certitude de rémunérer tous ceux qui travaillent à l'alimentation.

La statistique fonctionne sans cesse et partout. Chacun y collabore. V. chap. XI.

V

Ne faut-il pas produire certains genres d'utilité, aliments, matières premières, instruments, avant les autres? L'association n'est-elle pas avantageuse sous ce rapport?

57. Un *premier* producteur n'a évidemment que ses *facultés naturelles* : il les applique immédiatement (sans instrument) aux choses naturellement utiles qu'il a près de lui.—Par exemple, il cueille des fruits mûrs (travail d'appréhension). — Mais il apprend bientôt à conserver (travail de conservation) ceux qu'il n'a pas

nature? J.-B. Say aurait donc mieux fait de reporter ce chapitre après le suivant.

58. On ne peut, pendant la production, se passer des choses nécessaires à la *subsistance* : aliments, vêtements, logements, médicaments... Donc le producteur a besoin d'un capital suffisant pour vivre jusqu'à la réalisation du bénéfice qui doit provenir de l'achèvement de son entreprise.

(Chose singulière, J.-B. Say, dans son *Catéch.*, ne dit mot de ce premier avantage du capital).

59. L'entrepreneur a besoin de *matières premières*, par exemple : de laine pour faire du drap, de grains pour produire du blé. Il faut donc qu'il les acquière, s'il ne les a déjà.

C'est un déboursé qu'il risque; le vendeur de la matière première stipule en général un prix fixe, quel que soit l'événement.

besoin de manger tout de suite, pour servir aux repas subséquents ; il se fait un capital (1).

Le Capital est une chose ou un ensemble de choses dont l'utilité *naturelle* a été *augmentée* par le *travail*.

Donc, il suppose un travail préalable : il ne faut pas dire que le Travail est impossible sans capital ; c'est au contraire le Capital qui est impossible sans travail.

Mais on va voir qu'il faut créer certains genres d'utilité *avant* les autres et que l'*association* facilite énormément la création d'utilité sous ce rapport. V. n° 104.

58. Pour travailler, c'est-à-dire pour vivre en travaillant, il faut *vivre*. Donc, avant de produire une utilité distincte de celle qui fait subsister, il faut d'abord produire celle qui fait subsister.

Le nécessaire avant l'utile, avant l'agréable.

Tous ceux qui veulent produire un genre d'utilité *autre* que l'*alimentation* ont besoin des agriculteurs (triticicoles?), meuniers, boulangers et autres producteurs d'aliments. Si ces derniers ont besoin du genre d'utilité en question, ils s'accorderont sans doute, en stipulant un échange basé sur le mérite du travail respectif.

59. La matière première est une chose destinée à recevoir une utilité qu'elle n'avait pas auparavant.

Est-elle dans son état naturel ; elle rentre dans le chap. VI, des instruments naturels.

A-t-elle été déjà élaborée (cas auquel elle est un vrai capital) ; le producteur doit s'entendre avec celui qui s'est consacré à ce travail préliminaire. Ils sont collaborateurs *successifs*.

J'ai déjà dit, n° 45, qu'il est inique de faire peser toute la perte sur le dernier. La Société intervient dans ce sens, pour les produits qu'elle requiert.

(1) Il rassemble des feuilles pour se couvrir, se coucher ; il creuse une tanière pour s'abriter...

60. L'entrepreneur a besoin d'*instruments* (1), par exemple : de machines à filer, à tisser... pour faire du drap.

Il faut qu'il les acquière à ses risques, s'il ne les a déjà.

61. Il a besoin d'*argent* (capital monnayé) pour payer :

Le salaire de ses ouvriers ;

Les intérêts dus au capitaliste qui lui prête ;

Les fermages ou loyers dus au propriétaire de l'immeuble (usine, ferme...).

Si le produit périt ou ne se vend pas, la perte est pour l'entrepreneur.

62. Si l'entrepreneur ne peut obtenir les choses nécessaires à sa subsistance, les matières premières et instruments dont il a besoin, le concours d'ouvriers assez nombreux, la permission d'exploiter le bâtiment qui lui servira d'usine, le fonds où il cultivera des denrées... le capital monnayé avec lequel il achète ou loue ces divers objets..., l'entreprise *avorte*.

(1) V. pour les outils, nº 125 et note.

60. Même raisonnement pour les auxiliaires de la production.

Les instruments sont-ils dans leur état naturel (fonds de terre, animaux sauvages). V. chap. VI.

S'agit-il d'outils, de machines qui supposent un travail ; il y a plusieurs productions successives : les collaborateurs doivent *s'associer* sous des conditions équitables. Le producteur d'utilité nouvelle se concerte avec le producteur d'instruments.

61. J'ai déjà expliqué les rapports du directeur d'ensemble et des producteurs spéciaux ou *partiels*. V. n° 48.

V., pour la récompense des coproducteurs, chap. XXIe; et, pour la prime que revendiquent les possesseurs de forces naturelles, ou de capitaux, chap. XXIIe.

62. Au fond, le fonctionnement du capital dans la production, tel que l'entendent les anciens économistes, n'est autre chose que le résultat d'une *association indirecte*, dissimulée, dans laquelle les associés opèrent successivement, sans accord préalable, parfois sans le savoir, et spéculent séparément, sans se rendre compte des pertes et des bénéfices.

Comme on vient de le voir, la nécessité prétendue de se procurer un capital n'est que la nécessité d'obtenir le *concours* d'un nombre suffisant de *collaborateurs*, pour se nourrir, extraire ou façonner des matières premières, fabriquer des instruments, et enfin produire l'utilité nouvelle dont il s'agit.

Il est plus simple, plus franc, plus juste d'établir une association véritable, expresse.

La Société *requiert* la production du nécessaire avant tout. Elle compte, à l'aide de la statistique; n° 56, les fonds de terre qu'il convient d'ensemencer en blé, la

63. Le capital d'une nation se compose de la *valeur* totale des améliorations ajoutées aux fonds et de celles qui sont produites dans les entreprises.

VI

Instruments naturels (1).

64. Les richesses naturelles *ne* sont *pas* l'*objet* de l'économie politique; elles ne sont ni produites, ni distribuées, ni consommées. J.-B. Say, note 1. (Cependant, il leur consacre le présent chapitre.)

(1) J.-B. Say aurait dû placer ce chapitre avant le précédent; n° 57.

quantité de grains, de farine, de pain.., voulue; le nombre d'agriculteurs, de meuniers, de boulangers... qui produiront cette quantité. La récompense est fixée d'après des bases équitables. V. chap. XI.

Elle *encourage*, par des moyens analogues, la production dont l'utilité est *moins urgente*.

Quant à l'utilité non reconnue, ceux qui l'admettent forment une société *particulière* pour cet objet; ils se chargent de récompenser le producteur, traitent librement avec lui, se soumettent aux risques ou les laissent à sa charge.

63. Le capital d'une nation se compose de la somme des *choses* dont l'utilité naturelle a été accrue par le travail : fonds cultivés, bâtiments, meubles de toute espèce (1). V. nos 32, 105.

VI

Jusqu'à quel point la Société doit surveiller l'exploitation des Forces Naturelles ou s'en réserver la disposition.

64. L'homme ne fait *rien avec rien* (*ex nihilo nihil*). Donc, il ne peut produire aucune utilité sans le secours des Forces Naturelles. S'il ne les produit pas, il les utilise, il les *exploite*, les modifie de manière à les convertir en capitaux; par exemple, quand il bâtit sur un terrain. Les fonds de terre sont distribués entre ceux qui les cultivent.

Une foule d'objets non travaillés, par ex., certains fruits naturels, sont susceptibles de consommation.

(1) L'argent *monnayé* rentre dans cette énumération, mais n'y joue qu'un rôle bien moindre que celui que lui assignent les préjugés. Le vulgaire ne se préoccupe que de la monnaie; or, elle n'est qu'un instrument d'échange. V. chap. XII.

65. La terre cultivable a été donnée gratuitement à *tous* les hommes; J.-B. Say, *hic;* — à l'espèce humaine (chap. VII, 2e note).

66. Elle ne peut être cultivée sans que quelqu'un fasse les avances du capital, monnayé ou non, nécessaire pour sa culture.

67. Aussi a-t-*on* senti, chez *tous* (1) les peuples civilisés, la nécessité de reconnaître comme propriétaires des fonds de terre ceux qui se trouvent actuellement (?) en avoir la possession non contestée (J.-B. Say, *ibid.*).

L'*espèce humaine* (!!), pour son intérêt, a reconnu que *certains* hommes devaient avoir la propriété exclusive (chap. VII, 2e note *a*).

68. Cette propriété semble devoir s'étendre au centre de la terre (n° 203). Cependant, la loi du 21 avril 1810 sur les *mines* (inspirée par Napoléon le Grand?) ordonne ou du moins permet à l'Etat d'en concéder la propriété *perpétuelle*. Le motif allégué, c'est que les mines seraient expo-

(1) Formule bien peu logique.

Donc, l'économie politique ne saurait laisser *de côté* les Forces Naturelles.

65. N'est-il pas contradictoire de donner la terre à *tous*, puis de l'adjuger à *quelques-uns?* Si c'est la *nature* qui la donne à tous, ne viole-t-on pas les lois naturelles en modifiant ce résultat?

66. Jamais la *première* culture d'un territoire n'aurait eu lieu, s'il avait fallu fabriquer d'abord la *monnaie*. — D'ailleurs, la *possession* n'implique ni capital ni travail. — Mais il est évident qu'il faut assurer sa nourriture, façonner quelques outils..., avant d'opérer un défrichement. L'association facilite le résultat, nos 58 à 62.

67. Il n'est point sûr que les esclaves, les serfs, les cultivateurs non propriétaires aient *tous*, ou même en majorité, senti la nécessité de reconnaître comme fondées les prétentions des maîtres, des seigneurs et de leurs représentants ultérieurs, dispensés de travail. Si cela était, cela prouverait simplement que l'ignorance a *précédé* la science (phénomène social évident, no 12).
Il ne semble nullement nécessaire, pour que plusieurs hommes cultivent un territoire, que leur travail peut défricher et ensemencer, qu'ils *commencent* par en attribuer le domaine à un seul (ou à quelques-uns) d'entre eux, qui, s'il voulait, ne participerait point à leurs fatigues. Au contraire, le meilleur stimulant du travail est l'espoir de *jouir* de la récolte.

68. La difficulté d'exploiter une mine *sans perdre* une portion des substances métalliques dont elle est remplie, avec *sécurité* pour les hommes qui l'exploitent, nécessite une association spéciale de travailleurs très nombreux et une direction savante. L'Etat seul peut faire vérifier l'habileté des ingénieurs qui en seront chargés et requérir au besoin les bras indispensables. L'hypothèse d'un danger qui menace des mines ap-

sées à devenir improductives, si l'on ne choisissait un capitaliste habile pour les exploiter. Du reste, la loi n'exige aucune *preuve publique* de *science* métallurgique du candidat préféré par le ministre compétent, et, comme la concession est perpétuelle (!), rien n'empêche le concessionnaire de céder sur-le-champ ou plus tard à un ignorant. Art. 5 à 7, 13; v. cep. art. 14, 15.

69. Le maître du fonds peut empêcher la culture, si l'on ne lui offre la portion qu'il exige de l'utilité produite, à l'aide de son fonds, par le travail d'*autrui*.

70. Le développement *historique* prouve que les choses se sont passées comme elles devaient se passer, n° 67.

71. La science *économique* a consacré jusqu'ici ce résultat.

La *législation*, également.

partenant au même bassin, a déjà révélé le vice de l'exploitation individuelle. V. loi du 27 avril 1838.

[Même en adoptant l'explication vulgaire de l'appropriation du sol, on avouera que le cultivateur, le constructeur... ont simplement *en vue* la croute de terre suffisante au développement des végétaux, à la consolidation des édifices...]

69. Il est irrationnel qu'un homme, incapable de cultiver par lui-même un fonds étendu, *puisse* en paralyser la culture et *priver* ses semblables du blé qu'aurait produit le fonds. Il s'en priverait du reste lui-même, — ce qui aggrave l'absurdité, — s'il n'avait pas d'autre moyen de subsistance.

Il est inique d'attribuer une récompense à l'homme qui n'a pas travaillé, sous prétexte qu'il possède : la possession oisive n'est point un *mérite*.

70. L'histoire prouve que la séparation de la possession exclusive et du travail a été, dès l'époque à laquelle remontent les documents précis, le résultat de la force. C'est la *guerre* qui a produit l'*esclavage*, puis le *servage*, remplacé aujourd'hui par le *colonat libre* (1). De là, séparation de l'espèce humaine, *agrégée* tant bien que mal, en deux catégories :

Pour l'une : nécessité de travailler péniblement, en échange d'une alimentation médiocre, sans éducation morale, suffisante, presque sans jouissances intellectuelles.

Pour l'autre : facilité de ne rien faire que d'agréable en jouissant du travail d'autrui, en se réservant le développement intellectuel et moral.

71. La science est perfectible, n° 117. Elle *débute*

(1) Il manque un terme pour désigner la position de ceux qui sont forcés, par l'absence de revenu, de travailler pour vivre.

72. Le maître qui a cultivé *lui-même*, en totalité, le fonds qu'il détient, a désormais droit de jouissance sans travail.

73. Du moins celui qui cultive encore *actuellement* tout le fonds a droit d'absorber toute la jouissance, de la supprimer, de la dénaturer...

74. Si l'on n'établissait pas un maître unique du fonds, on ne trouverait personne qui voulût se *charger* des travaux agricoles.

75. La société peut s'en remettre au stimulant de l'*intérêt* bien entendu, qui agit sur les propriétaires, comme sur les autres hommes.

par être inexacte, incomplète... Elle manque souvent de *liberté*.

La législation est encore plus arriérée que la science ; les guerriers habiles, les orateurs éloquents..., qui parviennent au pouvoir, sont rarement assez *instruits* pour mettre les lois au niveau du progrès.

72. Le travail mérite une récompense. Mais, quand cette récompense est payée, la Société est *quitte*. Elle n'est point tenue d'octroyer, en outre, un privilége inique au détriment des autres associés.

Donc, on n'a pas droit, à raison d'un travail *antérieur*, de s'approprier une partie de la récompense que méritera plus tard à quelque autre un travail *ultérieur* (par exemple, de prélever 20 à 30 récoltes d'avance, avant même qu'elles soient produites).

73. La récompense due au travail actuel ne doit pas dépasser la juste *mesure*. Ainsi, elle n'implique pas le droit de détruire, par *caprice*, prodigalité..., l'utilité produite ; de supprimer une production nécessaire à la Société, pour en substituer une moins avantageuse (par exemple, la culture du tabac à celle du blé).

74. Le travail agricole se répartit aussi aisément que tout autre. — Si les candidats *affluent*, on recherche, on vérifie par un concours public les plus capables. — Si les candidats *manquent*, on recrute, on réquisitionne, à tour de rôle, parmi les hommes valides ; le sort désigne les premiers.

75. On ne saurait, sans imprudence, abandonner la production du *nécessaire* au caprice, à la négligence... des individus. — Du reste, l'action de la Société s'amoindrit à mesure que l'éducation devient plus complète. Quand tous connaîtront le principe fondamental du droit naturel et de l'économie politique, la plupart agiront *spontanément* dans l'intérêt commun.

76. Le possesseur qui *augmente* la valeur de la force naturelle, par exemple : s'il bâtit sur un terrain nu..., a droit d'être indemnisé.

77. Le propriétaire d'un fonds défriché et mis en rapport est légalement maître d'abandonner la culture et de laisser le fonds revenir à son état naturel. J.-B. Say donne pour exemple la campagne de Rome.

VII

Services productifs.

78. La valeur est créée par le concours de l'industrie, des capitaux, des instruments naturels.

79. En d'autres termes, la valeur est créée par l'action, par le travail (service productif) des hommes, des *capitaux*, des *fonds* de terre.

80. De là le tableau suivant :

Hommes.	Services industriels.	Industrieux.
Capitaux.	— capitaux.	Capitalistes.
Fonds de terre.	— fonciers.	Propriétaires fonciers.

76. L'architecte et ses collaborateurs ont droit à récompense pour la *construction*, travail utile; mais non pour le secours qu'ils tirent de la force naturelle.

77. La Société doit faire subsister et prospérer ses membres. Elle a intérêt, elle a droit d'exiger que les fonds soient cultivés *sans interruption* (selon le dernier état de la science agronomique); que les bâtiments, que les objets utiles de toute nature soient entretenus.

Le travail qui *conserve* l'utilité naturelle mérite récompense; par exemple, si l'on *récolte* des châtaignes, des fruits naturels quelconques... et qu'on prenne des précautions pour les *garder*.

VII

Par quel mode d'action des forces productrices obtenir le maximum d'utilité.

78. Les forces productrices peuvent se réduire à *deux :* le travail, les instruments naturels. En effet, les capitaux ne sont que des instruments *naturels*, *modifiés* par le travail.

79. Une seule de ces forces agit par la *volonté* de l'homme, c'est le travail. L'action des forces de la nature est un phénomène indépendant de notre volonté; elle ne constitue, de notre part, ni mérite ni démérite.

L'homme qui travaille brave *librement* une fatigue; il est digne d'en retirer un profit, qui est l'Utilité.

80. L'homme seul rend des services *volontaires* et *méritoires*. Les instruments dont il se sert jouent un rôle passif. — *Objection*. Les capitaux ont déjà subi l'action d'un travail méritoire.

81. L'entrepreneur, pour créer un produit, est obligé de débourser des frais de production, c'est-à-dire la *valeur* des services productifs qu'il consomme.

Par exemple :

Il loue pour 1,000 francs par an une terre, une usine.

Rép. Ce mérite, qui a donné droit à récompense, s'est épuisé avec l'action de la volonté qui a créé le premier degré d'utilité. L'action ultérieure du capital devenu instrument (ou auxiliaire) est désormais un phénomène passif; le travail *nouveau* qui crée un nouveau degré d'utilité mérite seul une récompense nouvelle:

Avec l'instrument appelé fonds de terre, on fait du blé;

Avec le blé, de la farine;

Avec la farine, du pain.

Il y a là trois services productifs, mais seulement trois :

Travail de l'agriculteur.	Blé.	1er service.	1re récompense.
— du meunier.	Farine.	2e —	2e —
— du boulanger.	Pain.	3e —	3e —

Le tableau que j'ai dressé d'après J.-B. Say n'aboutit à un résultat différent que par un pléonasme visible, suivi d'une inversion non moins visible. Les industrieux ne sont autre chose que les hommes, considérés comme rendant des services industriels. En revanche, si les services capitaux et fonciers émanent des capit*aux* et des *fonds* de terre, pourquoi substituer à ceux-ci les capita*listes* et les *propriétaires* fonciers?

En résumé, il n'y a qu'*une* force créatrice d'utilité nouvelle qui soit méritoire, c'est le Travail (1). — Seulement, cette force n'opère qu'à l'aide de la nature d'abord, ensuite des travaux antérieurs.

81. Les frais de production (ou prix de revient) des anciens économistes ne sont autre chose que la somme des *récompenses* dues aux producteurs ou *col*laborateurs

(1) Destutt-Tracy a entrevu cette idée : « Il n'y a dans le monde que du travail, » dit-il, en combattant J.-B. Say; mais il admet encore « des travaux bien *ingrats* et d'autres bien *fructueux*. » Il n'a pas deviné la rémunération proportionnelle au mérite du travail. V. nos 44, 270.

Il achète pour 1,000 francs de matières premières.

Il achète pour 1,000 francs de machines.

Il paye 1,000 francs à ses ouvriers.

Il débourse 1,000 francs pour sa subsistance.

Ses frais de production montent à 5,000 francs.

S'il vend le produit 6,000 francs, il aura 1,000 francs de gain.

S'il a emprunté 5,000 francs, moyennant 250 francs d'intérêt, il ne gagne que 750 francs, et il doit 5,000 fr., pour lesquels il a 1,000 fr. de machines, moins la dépréciation.

82. Les hommes valides sont libres de travailler ou de *ne pas* travailler.

Ont-ils des fonds de terre ou des capitaux dont ils tirent un revenu suffisant ; ils ont droit de ne *rien* faire, ou de cultiver les arts *libéraux* (auxquels, de nos jours, se réunissent les fonctions publiques).

Sont-ils pressés par l'aiguillon de la nécessité ; ils se jettent sur le travail qui est à leur portée, et pour lequel on leur offre un salaire ; mais ils n'acceptent pas toujours le travail répugnant, pénible, dangereux, qui les ferait descendre au-dessous de leur condition ; plusieurs préfèrent le *suicide*.

83. Les propriétaires fonciers et les capitalistes ont droit de *ne pas* faire exploiter du tout leurs fonds et leurs capitaux.

Le besoin de subsister restreint cette liberté, mais seulement jusqu'à concurrence de la valeur qu'ils *jugent* nécessaire à leur subsistance.

(fabricants ou extracteurs de matières premières, constructeurs de machines) *antérieurs* aux collaborateurs *actuels* (vulg. subalternes, ouvriers), — grossie de la somme des *primes* exigées par les possesseurs d'instruments naturels non élaborés (propriétaires fonciers) ou d'instruments naturels modifiés par un travail antérieur (capitalistes).

Le gain éventuel de l'entrepreneur vulgaire (gain qui parfois se réduit à rien ou se change en perte) se compose de la récompense due à son travail personnel, accrue d'une prime *aléatoire* (1).

82. La Société humaine veut-elle atteindre au plus haut degré de *prospérité;* elle s'efforce d'acquérir le *maximum d'utilité* physique, morale, intellectuelle.

Pour obtenir ce maximum, elle tire parti de *toutes* ses forces.

Ses forces se composent du travail volontaire;
— de l'action des substances animales, végétales, minérales, contenues dans le globe.

Donc, il faut que *tous* les hommes *travaillent;*
— que *tous* les fonds de terre,
— que *tous* les capitaux soient *exploités.*

83. L'industrie est impuissante sans les Forces *Naturelles.* C'est en vain que la Société commanderait le travail, si les travailleurs n'avaient ni animaux, ni végétaux, ni minéraux à utiliser.

Donc, il faut qu'elle commande en même temps l'ex-

(1) Aussi peut-on dire que l'entrepreneur vulgaire joue un *double rôle :* il est à la fois directeur d'ensemble et spéculateur.

84. Ceux qui travaillent, pressés par le besoin, manquent en général d'*instruction* et parfois des connaissances spéciales à leur art. Ils travaillent *mal*, et d'autant plus mal que leur salaire est plus faible.

85. Les hommes ont des dispositions naturelles diverses.

Parmi les producteurs que le hasard désigne pour tel genre d'industrie, les uns ont des dispositions naturelles corrélatives, les autres en manquent. Souvent les premiers n'ont pas de fortune et n'ont pas reçu l'éducation nécessaire pour *révéler*, développer leur aptitude, demeurée inefficace. Parfois les derniers, plus favorisés du sort, ont reçu l'éducation convenable et n'en tirent qu'un avantage médiocre, faute d'*aptitude* et de goût.

86. Quand tel produit n'est pas demandé, les producteurs *chôment*. Ceux qui n'avaient d'autre

ploitation de *toutes* les terres cultivables, de toutes les *substances* animales, végétales, minérales, qui ne sont pas parvenues à l'état dans lequel l'homme les applique à la satisfaction de ses besoins ou de ses désirs. Le caprice qui s'oppose à l'exploitation, la cupidité qui veut prélever une prime sur la récompense du producteur effectif, empêchent le développement de la prospérité commune.

84. Ce n'est pas assez que de travailler *beaucoup;* il faut travailler *bien;* quand on recueille une *quantité* considérable, on s'efforce d'obtenir en outre une bonne *qualité*.

La condition de succès sous ce rapport est une *éducation* convenable. C'est d'ailleurs une condition de bonheur et un stimulant moral.

Donc, la Société fait sagement d'exiger que tous les associés reçoivent, outre l'éducation *générale* qui leur révèle leurs devoirs communs, l'éducation spéciale qui les dirigera dans la production assignée à chacun d'eux.

85. L'éducation *universelle* offre un avantage immense. Elle permet aux goûts, aux talents *naturels* de se manifester. L'émulation y contribue. Le *concours* entre les aspirants qui se jettent sur un travail agréable, sur les fonctions publiques, sur les arts libéraux, fait connaître les *plus capables*.

Le même principe s'applique à toutes les industries proprement dites. Les hommes *vigoureux* sont dirigés vers les travaux pénibles; les hommes *adroits* vers les travaux qui veulent de l'adresse.

On arrive par ce moyen à produire le *mieux* possible, en même temps qu'à produire le *plus* possible.

86. L'éducation universelle rend possible la *suppression du chômage*. Chaque associé reçoit une instruction

revenu que le salaire de leur travail tombent dans la gêne, puis dans la misère.

87. Le travail perpétuel est impossible. L'existence deviendrait *intolérable ;* la *santé* serait compromise.

88. Le travail universel est impossible. Les *idiots*, les *enfants*, les *vieillards*, les *infirmes* de toute sorte sont hors d'état de travailler.

89. Les *femmes* ne sauraient travailler comme les hommes.

générale qui le prédispose à exercer *plusieurs* industries ; il apprend d'ailleurs les *diverses* branches de la même espèce de production, ne fût-ce que pour se fortifier dans la sienne. En cas de succès décidé dans celle-ci, il s'y consacre entièrement.

Le même artiste apprend la peinture, la gravure, la sculpture, l'architecture.

La suppression du chômage équivaut au travail *perpétuel*.

87. Toutes les lois naturelles doivent être observées et conciliées autant que faire se peut. L'*hygiène* indique les doses de travail et de *repos* nécessaire. La *morale* enseigne la somme de *jouissance* indispensable pour atteindre, sans le dépasser, le but qu'on se propose, savoir : le *maximum* de *prospérité* compatible avec l'état actuel de la science.

88. Le travail est l'exercice volontaire de la *force*. Là où manque la force, l'obligation cesse.

Un des grands avantages de l'association est précisément de secourir avec toutes ses forces l'*infirmité* naturelle. V. chap. XXVII.

Observez que, si l'infirmité n'est *pas absolue*, l'obligation du travail reparaît dans certaines limites. L'aveugle use de ses oreilles ; le sourd, de ses yeux ; le manchot, le boiteux usent de leurs yeux et de leurs oreilles.

89. Cette observation permet de résoudre une question fort débattue : celle de la suprématie des sexes.

La seule différence essentielle est celle des *forces*.

La femme est *plus faible* que l'homme. Donc, elle n'est assujettie qu'à un travail moins long, moins pénible... Mais elle est *tenue* de travailler dans la proportion de ses forces. — La délicatesse, la finesse de son organisation influent sur le *genre* d'industrie qui lui est assigné.

VIII

Formation des capitaux.

90. Les anciens économistes ont négligé de rechercher le *but* de l'association. V. n° 8. Aussi, n'ont-ils pas nettement déterminé le *but* du *travail;* ils se taisent sur la *contradiction* naturelle qu'offre le désir de *jouissance* immédiate avec la nécessité de *conserver* pour assurer et améliorer l'avenir. V. n° 98.

91. Les capitaux, dit J.-B. Say, se *forment* par des épargnes. Il ajoute, à la vérité : nous épargnons quand nous *ne* consommons *pas* une valeur *nouvelle*, résultat de nos *profits*. L'épargne est la valeur ainsi épargnée (lisez : qu'on s'est abstenu de consommer).

92. J.-B. Say ne distingue pas si la valeur nouvelle épargnée est, ou non, seulement propre à satisfaire la vanité, les préjugés. V. n° 33.

93. J.-B. Say suppose sans doute que la valeur épargnée est *durable;* autrement, elle périrait, même sans acte de consommation. Néanmoins, il ne distingue pas la production durable de celle qui ne l'est pas. Il se borne à recommander (chap. XXVI) les consommations d'objets qui s'usent lentement, comme procurant des jouis-

VIII

Comment on parvient à posséder la plus grande somme possible d'utilité artificielle accumulée.

90. L'homme est sujet à des besoins impérieux, à des désirs dont la satisfaction importe à son bonheur. Il ne travaille que pour obtenir cette satisfaction ; en langage économique, il ne travaille que *pour consommer*. Mais son travail actuel est, en général, insuffisant pour lui procurer une satisfaction *immédiate* et *complète*. De là, nécessité de se contenter d'une jouissance *partielle* et de conserver l'excédant. Du reste, la jouissance s'accroît progressivement à mesure que l'utilité s'accumule.

91. L'abstention de consommer est un acte négatif; c'est de l'inertie ; or, l'inertie *ne crée rien* (1). C'est la *production* qui crée la valeur, et partant le capital ; seulement, il faut le *conserver*, et, pour cela, s'abstenir de le consommer, de le détruire.

Donc, J.-B. Say devait dire : Les capitaux se forment par la production non suivie de consommation, ou, plus exactement, accompagnée de *conservation*.

92. La Société n'encourage que la conservation de l'utilité véritable, n° 33.

À quoi bon entasser des objets superflus ?

93. L'utilité *durable* est seule susceptible de conservation. Donc, c'est la seule qui forme les capitaux.

Un feu d'artifice, un concert de musique, des aliments destinés à être consommés sans retard appréciable ne constituent point un capital.

(1) Tout au plus peut-on dire qu'elle *n'*opère *pas* destruction, diminution.

sances plus durables (page 163). Il cite comme exemple les livres et oublie les bâtiments. V. cep. ch. IX.

94. Les consommateurs, étant généralement peu instruits, recherchent le *brillant* plutôt que le solide.

. . . .

95. J.-B. Say distingue ailleurs soigneusement le capital de la *monnaie*, qui n'est utile que comme instrument d'échange. Ici pourtant ses exemples sont tirés de profits évalués en *argent* et réalisés par l'entrepreneur, le capitaliste, le propriétaire foncier, l'ouvrier; ce qui oblige Say à distinguer ensuite si ces quatre personnages emploient leurs profits *improductivement* ou bien en *avances* pour l'industrie.

96. Quelques personnes s'imaginent que la hausse et la baisse des prix courants des choses (par exemple des valeurs cotées à la Bourse) *modifient* la fortune publique en plus ou en moins. Dans ce système, la hausse de la Bourse enrichit l'Etat, la baisse l'appauvrit.

97. J.-B. Say ne dit mot du travail de conservation. En effet, ce travail est peu de chose pour

Il y a doute pour l'utilité qui dure *peu*, d'autant mieux qu'aucune n'est *perpétuelle*. La vétusté mine tôt ou tard les monuments les plus solides.

94. On ne recule pas devant le travail par cela seul que l'utilité produite sera instantanée. Réciproquement, la longue durée d'une chose inutile n'est pas une raison d'y consacrer ses peines.

Mais, à égal degré d'utilité, la durée devient un motif de *préférence*. De deux choses utiles, celle qui subsiste le plus *longtemps* est en définitive *plus utile* que l'autre. Deux bâtiments sont également commodes; le plus *solidement* bâti est préférable.

Donc, en principe, la Société recommande le travail productif d'utilité *durable*.

Elle récompense moins le brillant que le *solide*.

95. Toute chose dont l'utilité naturelle a été *accrue* d'une utilité artificielle est un capital, dans le sens large. *Stricto sensu*, on en retranche tout ce qui ne dure pas, au moins un temps *appréciable* pour nous.

Les capitaux se forment par le travail utile.

L'argent monnayé rentre dans cette catégorie, au moment de sa fabrication.

Quant à l'*emploi* du capital, v. n° 99.

96. Il importe à la Société de posséder un grand nombre de choses durables utiles; or, l'*utilité réelle* de ces choses n'est *nullement accrue* par la *hausse* des prix offerts sur le marché; en sens inverse, elle n'est *diminuée en rien* par la *baisse* de ces mêmes prix. Il n'y a perte ou bénéfice que pour les spéculateurs; perte augmentée, bénéfice diminué par le salaire des agents intermédiaires.

97. La plupart des objets, même très durables, souffrent de l'action du temps. Le travail qui prévient

l'argent monnayé, qu'il suffit de préserver des *voleurs*.

98. L'épargne est, comme le travail, un fait *facultatif*, laissé à la prudence individuelle.
Epargne qui voudra;
Dissipe qui voudra.

99. Le maître qui ne juge pas à propos de détruire est libre de *ne pas utiliser* (arg. *à fortiori du jus abutendi*, C. civ., 544); il place les écus dans quelque trou de mur; il laisse la terre en friche se couvrir de ronces; ses bâtiments, ses meubles dépérissent de vétusté.
N'exploite qui ne veut.

la destruction du capital est utile; il se compose des diverses précautions qui empêchent les substances animales de se corrompre et les substances végétales ou minérales de se dégrader.

Je propose de l'appeler *travail de conservation.*

98. Pour atteindre le plus haut degré de prospérité, il ne suffit pas que la Société produise le plus d'utilité possible; il faut encore qu'elle *conserve* l'utilité produite en plus grande *quantité* possible, le plus *longtemps* possible.

Ici, la nature offre une contradiction fort embarrassante : l'homme le plus raisonnable, le plus modéré veut jouir autant que la sagesse le permet. Comment concilier cette loi naturelle avec la précédente? — Comme on concilie les antinomies légales : en sacrifiant une portion de chaque règle. Les besoins impérieux veulent être satisfaits à tout prix. Mais on peut *restreindre* les jouissances proprement dites, afin de *conserver* une plus grande somme de capital.

A l'égard de l'utilité *durable*, la conciliation est assez facile. L'exemple le plus clair est celui du *logement.* D'après le Code civil, l'usufruitier, le locataire sont tenus de jouir en *bons pères de famille* (a. 601, 1728, 1°); ils s'abstiennent de dégradations et font certaines réparations modiques (a. 605, 1754). On peut ajouter à cette obligation celle de participer à la reconstruction ultérieure de la maison (1 centième par an, si elle doit durer 100 ans).

99. Je divise le Capital en deux portions, l'une destinée à la jouissance, l'autre à l'exploitation. Je propose d'appeler la première : capital *immédiatement, directement utilisable* (1); la seconde, capital *exploitable.* Celle-ci a besoin d'un travail subsidiaire qui lui

(1) Ce qui comprend le capital *auxiliaire* (collection d'instruments) dont on jouit en s'en servant pour exploiter les matières premières. On peut aussi le ranger dans la 2e classe de capitaux.

100. Les individus dénués de ressources suffisantes ne peuvent s'instruire. Ceux qui ont des revenus sont libres de ne pas le faire. La plupart des gouvernements semblent adopter pour maxime la *liberté* (1) *de l'ignorance*. L'économie politique est une des sciences les moins propagées et les moins recommandées (2).

101. L'homme est *libre* naturellement. Il doit rester libre, même dans la société humaine. Donc l'individu reste maître de se *nuire*, maître de profiter de l'ignorance, du dénuement d'autrui.

(1) Les partisans du despotisme ne dédaignent pas d'en appeler au principe de liberté, toutes les fois que son application exagérée nuit à la prospérité générale. C'est ainsi que, pendant la guerre civile d'Amérique, j'ai entendu revendiquer ce que j'appelle la *liberté de l'*ESCLAVAGE (!).

(2) Ce résultat n'est pas imputable à J.-B. Say ; du reste, l'observation ci-dessus n'est pas de lui.

donne un complément d'utilité; on la confie aux associés valides compétents; celle-là est remise aux associés qui en manquent, pour leur usage.

Exemples : une portion des animaux sert au transport, au trait, à la culture... une autre est livrée au boucher. Une portion du linge est remise au papetier, l'autre sert aux usages personnels.

100. L'homme fait plus volontiers ce qu'il croit lui être plus avantageux. La Société veut-elle que la *capitalisation* (production et conservation des capitaux) soit portée au *maximum;* qu'elle en fasse *démontrer* l'utilité à ses membres. L'ignorance individuelle est fatale, non seulement aux hommes qui pratiquent le travail isolé, mais à l'être collectif dont ils font partie. La prospérité de tous dépend de la coopération de tous. Ceux qui tenteraient de se créer un capital exclusivement affecté à leur usage ne trouveraient nul soutien chez autrui. Forcés d'exploiter eux-mêmes, comme *Robinson* dans son île, ils n'obtiendraient que de minces résultats. Ils succomberaient à la première maladie grave.

Donc, l'éducation générale doit comprendre les principes fondamentaux de la production *collective* de l'utilité.

101. L'association procure d'*immenses* avantages, subordonnés à certaines *conditions* ou *charges* corrélatives. Se soumettre à ces charges, c'est faire un usage rationnel de sa liberté. D'ailleurs tous les hommes, moins celui dont on s'occupe, sont libres de stipuler de lui le prix de la force incroyable qu'ils lui promettent d'employer à son service.

Voici les conditions que doit remplir chaque associé, toujours dans l'hypothèse où l'on veut porter la société au plus haut degré de prospérité *collective.*

Tout collaborateur *doit compte* de l'utilité qu'il a produite, sous la réserve de la récompense à laquelle il

102. Le maître d'une chose, qu'il l'ait produite ou non, a droit de la détruire, par avidité mal entendue, par caprice, par cet instinct de destruction qui accompagne la curiosité, et qu'on observe chez les enfants.

Liberté de *destruction.*

103. Il peut jeter l'objet, le considérer *pro derelicto.*

Liberté d'*abandon,* sans précautions conservatoires.

104. Le producteur qui s'est procuré par son travail un revenu suffisant, s'abstient désormais de l'accroître par un travail nouveau. Une honnête médiocrité vaut mieux pour le sage que la fatigue :

> ... *Somno et* INERTIBUS *horis*
> *Ducere sollicitæ jucunda oblivia vitæ.*
>
> HORACE, *Sat.*, II, VI, v. 64-65.

La retraite.. offre.. des *biens* (??) sans embarras (La Font., XI, 4). Les ascètes *travaillent* à solliciter un bonheur posthume, infini.

Liberté de *retraite,* de repos *non nécessaire.*

105. Tel ouvrier fait une observation utile

a droit, soit en monnaie, soit en nature, s'il veut en jouir directement (comme un boulanger qui prélève sur le pain qu'il a fabriqué la ration nécessaire à sa nourriture personnelle). V. nº 131.

102. Il doit *conserver* les choses utiles qu'il a entre les mains jusqu'à ce que ces choses soient affectées légalement à la jouissance ou bien à l'exploitation. — Son obligation subsiste même si les choses sont affectées à sa jouissance personnelle; autant que cette jouissance le comporte, il évite de dégrader; il prend les mesures de conservation urgentes, ou même non urgentes, si la loi le prescrit.

103. Celui qui cesse de jouir parce que la chose lui déplait ou a perdu ses principales qualités, la cède à quiconque la lui demande. Sinon, il la remet dans un dépôt *ad hoc* voisin, mais distinct du dépôt des objets perdus. Il s'abstient jusque-là d'aggraver la détérioration.

104. La conservation de l'utilité produite laisse le capital *stationnaire*. Pour le faire progresser encore, il faut encore produire. Donc, le producteur valide doit *continuer* son travail pour améliorer la position d'autrui avec la sienne. L'obligation de travailler dure autant que la *force* dont l'exercice constitue le travail. L'hygiène seule en fixe le terme.

Un premier travail, suivi d'épargne, rend le deuxième plus fructueux ; les deux premiers, suivis d'une épargne plus considérable, rendent plus fructueux le troisième..., et ainsi de suite, en *progressant* à l'infini.

En somme, on produit d'autant plus d'utilité nouvelle qu'on a plus gardé d'utilité antérieurement produite.

C'est ce qui explique la supériorité des nations très civilisées sur celles qui le sont moins.

105. Le devoir de conserver l'utilité produite, et de

qui se perd, parce qu'il ne sait ou n'ose la formuler; ses camarades ne le comprennent pas; ses supérieurs le dédaignent.

Tel savant s'abstient de publier ses observations personnelles, parce qu'il craint les *plagiaires* directs ou indirects (savants qui ne citent pas les sources où ils puisent); ou bien nul libraire ne *risque* son capital dans la publication; ou bien les hommes d'action le *persécutent*.

106. L'individu vérifie par des *inventaires* l'accroissement de son capital.

107. L'économie sur le revenu individuel profite à l'individu. Forcé d'acquérir le nécessaire, si mieux il n'aime souffrir, il reste libre de satisfaire ses fantaisies les plus bizarres et de préférer le *luxe* au *comfortable*.

IX

Produits immatériels.

108. J.-B. Say fait un chapitre à part pour les *produits* immatériels et l'*utilité* immatérielle; sans doute (arg. du chap. VIII, combiné avec celui-ci) parce que ces produits ne sont pas des capitaux. Du reste, il n'arrive à aucun précepte catégorique.

continuer ensuite la production indéfiniment, s'applique à l'utilité *morale* et intellectuelle.

Chaque associé concourt sans cesse à grossir le Capital scientifique. Il doit *compte* de ses découvertes, de ses plus simples observations. Il a droit de les *constater*, pour s'assurer la récompense honorifique ou matérielle qui lui serait due.

Chaque associé se perfectionne, lui et les siens, au point de vue *moral* (1). Il donne aux autres de bons exemples et de bons préceptes.

106. La Société use de la *statistique* universelle et perpétuelle (n° 56), pour s'assurer de la conservation et de l'accroissement des capitaux produits et non détruits par les associés. Elle constate les devoirs accomplis et les droits corrélatifs.

107. La conservation et l'accroissement du Capital profitent à la *masse*.

Les associés passent *ensemble* du nécessaire au com*m*fortable, du com*m*fortable au luxe.

IX

La société doit-elle encourager le travail qui consiste à détruire les choses nuisibles? à produire une utilité que la jouissance consomme au fur et à mesure?

108. Tout acte de travail imaginable est l'exercice de quelqu'un de nos *organes*. La distinction des produits en matériels et immatériels est au moins inutile.

(1) En dépit de l'ancienne opinion exposée n° 32, l'*amélioration* morale d'un peuple s'opère comme le perfectionnement physique, peu à peu et par ricochet, par réflexion.

109. Il donne pour exemple :

Les opérations chirurgicales ;

Les concerts de musique ;

L'utilité des militaires, fonctionnaires publics et autres agents qui prennent soin des affaires de la *communauté*(1) ;

L'utilité des médecins, avocats, professeurs, comédiens... travaillant pour les seuls individus qui le demandent ;

L'utilité des immeubles et meubles dont le propriétaire use directement sans en extraire de fruits.

110. Les produits immatériels sont consommés *au moment même* où ils se forment.

111. Cette observation s'applique aux services des *fonctionnaires* publics.

(1) La *communauté* résultant d'événements fortuits, d'un développement historique *involontaire*, ne se confond pas avec la communauté contractuelle établie par la *volonté* de tous les associés. V. C. civ., 1832 ; Inst., § 3, *Quasi ex contr.* ci dessus, n° 8.

L'économie *politique* n'a guère besoin de diviser, de *classer* le travail qu'au point de vue de son utilité pour la Société et, implicitement, pour les individus qui la composent. L'intérêt de cette recherche est de savoir s'il y a *lieu* à récompense.

109. Les opérations médicales bien faites suppriment un mal, une douleur... Il en est de même de toute *destruction de maux* ou de choses nuisibles (animaux féroces, plantes vénéneuses...), d'*erreurs*, de préjugés.

Ce genre de travail produit une utilité *négative*, qui est encore une utilité (n° 36).

Les agriculteurs arrachent l'ivraie, brûlent les chenilles... avant d'obtenir des fruits. Le travail destructeur est ici un préliminaire, un *auxiliaire* de la production d'utilité.

Donc, il mérite encouragement et récompense.

110. La production d'utilité *positive* est parfois accompagnée d'une jouissance immédiate qui la consomme, la détruit, sans conservation possible. Tel est le travail du musicien.

Mais la *rapidité* de la consommation ne rend pas le travail *indigne* d'être encouragé ou rémunéré. Autrement, le travail producteur de l'*alimentation* serait un des moins méritoires ; or, c'est le plus nécessaire de tous.

111. L'exercice des fonctions publiques, quelque élevées qu'on les dise, est un *travail* comme un autre. Quand le législateur est bien inspiré, toutes les fonctions sont utiles et constamment utiles. Elles *produisent*, en général, de la *sécurité*. Sous ce rapport, l'action des magistrats, employés, officiers... est un travail *protecteur*, *auxiliaire* de la production d'utilité proprement dite.

112. Les fonctions publiques, d'après les lois existantes (1), confèrent des prérogatives superflues, des *honneurs* exagérés, des *traitements* bien plus considérables que le salaire des producteurs de l'utilité proprement dite.

113. Certains fonctionnaires se tiennent simplement prêts à rendre un service *éventuel* (des soldats, en temps de paix; des pompiers, hors le cas d'incendie....).

114. Les jardins d'agrément (2) procurent une jouissance qui se dissipe *au fur* et à mesure.

115. Les maisons, les meubles durables (l'argenterie), dont le propriétaire jouit *lui-même*, sont des capitaux, mais ne produisent rien.

(1) Ces lois ne sont pas l'œuvre d'une science législative *raisonnée* : elles dérivent du despotisme militaire, origine première de la plupart des gouvernements monarchiques et aristocratiques.

(2) Cet exemple me semble mal choisi par J.-B. Say : les jardins supposent un *travail* d'horticulture. On pourrait y substituer l'exemple des fonds de terre *en friche*, que l'on garde tels pour la beauté du *coup d'œil*, et qui ne sont pas des capitaux.

112. Les vices des lois sur les fonctions publiques sont inhérents à des préjugés *sociaux* qui disparaîtront par le progrès même de la science. Ils n'impliquent pas inutilité radicale de ces fonctions. Seulement, l'éducation universelle diminuera de plus en plus leur utilité.

113. Le travail de *surveillance* peut être assez pénible.

S'il ne suffit pas pour occuper le fonctionnaire, on charge celui-ci d'une fonction *complémentaire*, conciliable avec la première. Nul n'a droit d'être récompensé pour son oisiveté.

114. Se promener dans un jardin, contempler des bosquets, s'asseoir à l'ombre... sont des actes des organes, aussi bien que manger. Qu'importe au surplus? Toute jouissance raisonnable contribue au bonheur. La prudence conseille seulement de pourvoir à la satisfaction des besoins impérieux, avant de songer à celle des simples désirs. Mais, quand l'abri est assuré, on travaille au logement co*m*fortable; et, plus tard, aux appartements de luxe. L'essentiel est que ce progrès ne se réalise pas au profit de quelques *privilégiés;* il doit s'accomplir pour la *masse* entière. On se contente d'un petit nombre de jardins publics, tant qu'on ne peut en procurer à toutes les familles.

115. J'ai déjà dit (n° 99) que le Capital se divise en deux portions : l'une exploitable, l'autre *affectée à la jouissance.* Faut-il regarder cette dernière comme mal employée? Evidemment non. Le but des associés est de vivre aussi *heureux* que possible. Quand tous *habitent* une maison qui leur est propre, ils ont réalisé un progrès immense (dont nous sommes loin encore). Seulement, ils doivent continuer à produire de l'utilité, s'ils ne veulent rester stationnaires.

116. Il en est de même des meubles *non durables* (des chaussures...), mais ce ne sont pas des capitaux.

X

Progrès de l'industrie (1).

1° Progrès en général.

117. L'industrie est, à certaines époques, plus *avancée* que dans d'autres.

(1) Intitulé obscur. J.-B. Say traite, après un court préambule, de la *division* du travail, de la culture avec ou sans *jachères*, du service des *machines*. Il a craint de faire quatre chapitres trop brefs.

116. Même raisonnement pour les meubles : il est désirable que chacun soit pourvu d'une bonne chaussure, dût-il l'user au bout d'*un an*.

La jouissance anéantit certaines choses instantanément; elle en laisse subsister d'autres un temps appréciable; d'autres, plus longtemps encore; quelques-unes plus que la vie de l'homme.

Qu'importe, si ces dernières sont *moins* utiles que les premières? L'Utilité est la cause qui détermine à encourager le Travail.

Du reste, entre deux choses également utiles, on préfère produire la plus *durable*; — on conserve une chose utile aussi longtemps qu'on le peut, tout en jouissant de son utilité.

X

La science est-elle perfectible? Jusqu'à quel point doit-on diviser la production d'une chose utile entre plusieurs associés? exploiter sans interruption l'utilité préexistante? employer des instruments auxiliaires?

1° Perfectibilité de la science, en général, et de l'économie politique en particulier.

117. La science est une collection *infinie* de *problèmes*, suivie (1) d'un nombre de solutions limité, mais susceptible de s'accroître progressivement et *indéfiniment* par le travail intellectuel.

L'expérience le prouve : à l'origine, *aucun* problème n'était *résolu*; l'ignorance était à son plus haut pé-

(1) Les savants qui font des livres procèdent volontiers en sens inverse : ils exposent d'abord les vérités connues; après quoi, ils indiquent ou, le plus souvent, *n*'indiquent *pas* celles qu'il reste à *découvrir*.

118. L'industrie est plus avancée dans certains *pays* que dans d'autres.

119. L'économie politique, connue depuis un siècle environ, n'est cultivée que par un *petit* nombre de savants.

riode; aujourd'hui, nous possédons un nombre assez grand de solutions.

Donc, la science est perfectible. Donc, l'économie politique est perfectible. Son nom, ignoré de Colbert et de Vauban, ne se lit point dans l'*Esprit des lois* (1748, cent ans après la première république anglaise, cent ans avant la deuxième république française).

La théorie des divers arts, la *technologie* (1), est perfectible, aussi bien que les doctrines concernant la production des nombreux genres d'utilité qu'on n'a jamais osé annexer à l'*industrie*.

118. Le capital proprement dit et le capital intellectuel se forment par le travail; or, le travail est encouragé d'une manière très inégale chez les divers peuples; ceux-là même qui appartiennent à la race européenne ou caucasique progressent très inégalement. Le progrès moderne de l'économie politique dépend de l'application plus ou moins franche du principe d'*association* (n° 1); or, il n'existe encore aucun peuple qui l'ait adopté (n° 8).

119. Il ne suffit pas de former des capitaux intellectuels ou autres; il faut les *propager*, les répandre... L'écriture et la presse sont les principaux agents de la propagation, de la *diffusion* des lumières.

L'*égalité*, principe fondamental de l'association, prescrit la *dissémination* des capitaux scientifiques ou des capitaux proprement dits. V. nos 14, 25.

(1) Les livres vulgaires de technologie (théorie trop négligée), ne traitent guère que de l'industrie *manufacturière;* ils y joignent quelques procédés *agricoles*. (V. Francœur.)

La technologie, dans un sens large, enseigne les procédés pour produire l'utilité quelconque. Ainsi comprise, elle embrasse presque tous les arts.

Elle n'est pas l'économie politique. On peut être profond économiste et incapable de fabriquer le moindre objet utile; ou réciproquement.

La statistique elle-même *n'*est *pas* l'économie politique.

120. Les anciens économistes adoptent l'organisation existante; ils ne proposent que bien peu de *réformes*. Aussi gardent-ils le silence sur la manière de les opérer.

[Les adversaires des réformes argumentent en général de la *difficulté* que présente l'exécution, difficulté qu'ils transforment volontiers en *impossibilité*. En outre, ils se gardent bien de reconnaître que la difficulté vient surtout de leur répugnance à *sacrifier* leurs privilèges. Quand cette répugnance va jusqu'à l'irritation, elle devient du fanatisme et engendre la *guerre civile*. Les deux partis se renvoient la responsabilité des maux qui en résultent, maux dus à l'*opiniâtreté* des uns non moins qu'à l'*impatience* des autres.]

2° Division du travail.

121. La *division* du travail consiste à charger différents ouvriers des différentes opérations qui concourent à un même produit.

Elle s'observe partout où chacun se voue à une profession différente.

120. La violence est le pire agent des réformes; elle cause un mal; donc, elle contredit l'intention des réformateurs qui est de faire le bien. La *guerre* civile et la guerre extérieure, qu'elle amène à sa suite, sont des maux bien plus graves que l'*attente*.

Donc, toute réforme doit être *pacifique* et produite par la *conviction*. On se console des retards par la *certitude* du triomphe de la *Vérité*.

Le sacrifice d'un privilège qui était légal, qui passait pour rationnel jusqu'alors, semble au premier coup d'œil le résultat d'une injustice; celui qui en était investi éprouve le sentiment d'une perte. Il est sage d'adoucir ce sentiment par la concession d'une sorte d'indemnité; par une tolérance exceptionnelle, *transitoire*, viagère. L'essentiel est que les générations nouvelles jouissent du progrès; la génération existante, familiarisée avec l'état de choses vicieux, se contente d'une atténuation et de la perspective d'un mieux complet pour ses enfants.

Donc, en opérant une réforme, on ménage la *transition*; — en proclamant le principe, on consent une *transaction* provisoire.

S'agit-il de supprimer l'esclavage; on déclare libres tous les enfants conçus *à partir* d'aujourd'hui; les esclaves existants sont protégés contre la violence. Aucun enfant conçu à partir d'aujourd'hui ne deviendra maître d'un autre homme; les maîtres actuels n'exigent plus que des travaux *peu* pénibles.

2° Est-il avantageux de s'associer plusieurs pour un genre de production qu'un seul pourrait exécuter?

121. La doctrine de la division du travail n'est autre chose que l'application, à la production *complexe* (1)

(1) Un travail est presque toujours une série d'opération élémentaires. Si *plusieurs* hommes se chargent de ces opérations, il y a division.

122. Chaque ouvrier n'a qu'*une* opération à faire; il peut impunément (?) *ignorer* comment se font toutes les autres. A plus forte raison peut-il rester étranger aux industries différentes, à toute espèce d'éducation.

123. Si l'opération particulière cesse d'être demandée, celui qui en était chargé *chôme;* si l'entrepreneur fait défaut, les ouvriers spéciaux ne peuvent fonctionner.

3° Jachères.

124. Certains agriculteurs croient qu'il faut, tous les deux ou trois ans, laisser *reposer* (*jacere*) la terre (système des *jachères*). Certains manufacturiers, certains fermiers laissent leurs opérations se ralentir; ils tirent *moins* de services du capital, du fonds de terre qu'ils exploitent.

d'une utilité *spéciale*, de la doctrine de l'association. Les collaborateurs chargés d'un produit sont des associés et non des ouvriers subalternes ; l'ensemble des opérations est dirigé par chacun à son tour ou par celui qu'ils choisissent.

Un homme *seul* ne peut rien faire de considérable ; quand il obtient un résultat complet, c'est aux dépens de la *qualité*.

122. L'éducation spéciale ne dispense pas de l'éducation *générale*. Si, en l'absence de cette dernière, elle se restreint à quelques opérations matérielles de minime importance, elle peut se combiner avec une ignorance excessive. (V. Fourier.) Donc, il faut donner à tous la *double* éducation.

123. On donne à tous les associés *plusieurs* éducations spéciales, afin qu'ils puissent passer de l'industrie qui chôme à celle qui ne chôme pas.— On enseigne la théorie générale de l'industrie dont il s'agit, afin que chacun *dirige* au besoin, à son tour, ses collaborateurs ; afin que, dans aucun cas, il ne se trouve dans un état d'*infériorité*, par rapport au directeur d'ensemble (vulg. Entrepreneur).

3° Exploitation perpétuelle des choses utilisables.

124. Pour que la production atteigne son *maximum*, il faut que *toutes* les forces naturelles, améliorées ou non par le travail (c'est-à-dire les fonds de terre avec les substances qu'ils contiennent et les capitaux), soient *constamment* exploitées ; on réserve, bien entendu, le repos hygiénique et la satisfaction rationnelle des besoins et désirs.

On propage la science agronomique, au lieu de s'en remettre à la routine ; on répète, avec Olivier de Serres, que « la terre se délecte en la mutation des semences, » et l'on ajoute qu'elle n'a pas besoin d'un repos *absolu*.

4° Machines.

125. L'entrepreneur substitue parfois une *machine* à ses ouvriers. Il gagne alors tout l'excédant des salaires qu'ils lui auraient coûtés sur le prix que lui coûte la machine (1).

S'il n'a pas de concurrents, il fait fortune.

126. Le profit de la machine est parfois recueilli par un autre que l'*inventeur*.

127. Le descendant éloigné, le *représentant*

(1) Cette hypothèse est la seule qui mérite un précepte particulier. Quand l'*instrument* artificiel de travail ne nuit pas d'une

La Société, au lieu de favoriser, de respecter de purs caprices, veille à la défense de ses intérêts; elle s'assure que tous ses membres travaillent, que tous ses fonds, tous ses capitaux sont exploités.

4° La Société doit-elle encourager l'emploi des machines? attribuer une récompense à leur possession?

125. Une machine est un capital. Donc, il s'agit ici d'une collaboration cachée (n°s 60, 62). Celui qui a besoin de la machine doit s'entendre avec l'inventeur, avec le constructeur..., puis faire fixer sa propre récompense équitablement. La production opérée par la machine ne saurait être considérée comme *méritoire* au profit du possesseur, s'il ne prend même pas la peine de la mettre en mouvement. Celui qui la fait mouvoir a droit d'être rémunéré en raison de la fatigue que la mise en œuvre lui impose et de la durée de cette fatigue; mais nullement à raison de l'*action* de la machine, phénomène *artificiel*, analogue au phénomène naturel de la végétation (n° 37).

126. La Société tire un grand profit des machines; non seulement elle emploie à un autre genre de production les ouvriers que la machine remplace (J.-B. Say); mais elle s'en sert pour supprimer, au moins en partie, le danger, le dégoût, la fatigue... qui accompagnent certains travaux.

Donc, elle doit encourager l'*invention* des instruments auxiliaires. Elle la constate et la récompense en raison des efforts même infructueux que cette invention a coûtés : travail *préparatoire* de la découverte. La constatation assure l'honneur dû au génie et le protège contre le plagiat.

127. Nul n'a droit d'être rémunéré pour le travail d'*autrui*. Quel mérite y a-t-il à *descendre* d'un grand homme, d'un homme de génie? L'acheteur d'un se-

fort indirect de l'inventeur, le capitaliste, l'entrepreneur qui a manœuvré habilement, s'approprient souvent le bénéfice, l'honneur de la découverte.

128. Il y a parfois conflit entre l'inventeur et le constructeur, ou plutôt le *capitaliste* qui fait construire, au profit de ces derniers (1).

129. Les *ouvriers* congédiés par suite de l'adoption de la machine *souffrent* un dommage sans avoir pu l'empêcher, *sans* aucune *faute* qui les rende logiquement responsables.

130. Les anciens économistes se sont crus obligés d'opter entre la *prohibition* des machines pour ne pas nuire aux ouvriers (Sism.) et la *suppression* du *travail* des ouvriers pour ne pas nuire aux machines (J.-B. Say).

manière appréciable à la rémunération du travail d'autrui, on peut, si l'on veut, le qualifier simplement d'*outil* et ne s'en occuper qu'à l'occasion des capitaux (auxiliaires du travail et, comme tels, destinés à être utilisés dans la production).

(1) V. les *Souffrances de l'inventeur*, fondues plus tard dans les *Illusions perdues*, par Balzac.

cret n'a pas eu de peine à le découvrir. — Quant au plagiaire, dès aujourd'hui on le juge punissable.

128. La Société exige, en cas de preuve d'une invention utile, que l'invention soit mise en œuvre. Ceci s'applique à l'invention *complémentaire* (vulg. perfectionnement) comme à l'invention primitive. Le *constructeur* n'est, en définitive, qu'un collaborateur de l'inventeur. Il a droit à sa récompense, sans pouvoir dépouiller son associé de la sienne. Chacun est utile à sa manière.

129. La Société prend à sa charge tous les cas fortuits. Elle utilise les produits achevés au moment de l'*introduction* de la machine, récompense les producteurs et leur assigne un *nouveau* travail. Elle prévient d'avance le dommage en exigeant des associés plusieurs apprentissages spéciaux. Tous profitent ainsi de l'accroissement de production amené par la machine; nul n'en souffre.

130. J'avais indiqué (1850) une solution bien simple : *secourir* les ouvriers privés d'ouvrage par la machine, jusqu'à ce qu'ils aient une industrie équivalente à la première; en un mot, les *indemniser*.

Il ne faut pas *reculer* (Sism.) devant un progrès, parce qu'il occasionne un mal temporaire.

Il ne faut pas refuser (Say) de *réparer* un mal temporaire, sous prétexte qu'il est la condition inévitable d'un bien plus grand; — même si ce bien est prochain.

XI

Échanges et débouchés.

1° Échanges.

131. L'individu qui fabrique tel produit afin d'en acquérir d'autres est *privé* de ces derniers, et même il *chôme*..., jusqu'à ce qu'on lui *demande* son produit.

Sinon, il travaille d'avance à tout hasard, et alors :

Ou il produit *trop*, si bien qu'il garde entre ses mains ce qu'il a fabriqué, sans pouvoir l'écouler;

Ou il produit *trop peu*, de telle sorte qu'il manque les occasions qui se présentent ensuite, et les consommateurs ne sont pas satisfaits.

Beaucoup ne travaillent pas et, par suite, ne jouissent pas autant qu'ils pourraient.

XI

Comment l'associé producteur d'un seul genre d'utilité obtient-il les autres? (1). *Comment l'empêcher de trop produire ou de ne pas produire assez?*

1° Comment le producteur réalise-t-il sa récompense?

131. Les producteurs qui s'*associent* se concertent d'avance :

1° Sur ce que chacun sait et peut produire;

2° Sur ce que chacun désire recevoir pour prix de son travail.

Ils obtiennent ainsi deux avantages :

1° Chacun d'eux voit les *autres* travailler comme lui tout le temps fixé par l'hygiène;

2° Tout ce qu'*ils* produisent sert à *sa* jouissance; tout ce qu'il produit sert à la *leur*.

Toutes les forces sont utilisées.

Toute l'utilité produite est affectée à la satisfaction des besoins ou désirs.

Exemple : soient 100 associés produisant chacun un genre d'utilité distinct, dont chacun demande un centième. Chacun garde 1 centième de ce qu'il a produit et livre 1 centième à chacun des autres. Quand tous ont fait cette distribution qui opère un *échange général*, tous possèdent 1 centième du travail de chacun et jouissent de 100 espèces d'utilité différentes; nul n'a perdu ses peines, nul n'a perdu son temps (2).

(1) Ou bien : comment le travail utile est-il récompensé? Les anciens économistes n'ont aucunement aperçu que l'échange suppose une *collaboration* préliminaire et en réalise la *rémunération* réciproque.

(2) Condillac avait entrevu la vérité sur ce point. V. la note 7 de J.-B. Say.

132. L'échange *n*'est *pas* productif de richesse; en effet, les objets échangés ont passé dans des mains différentes sans avoir, *après* l'échange, une autre valeur que celle qu'ils avaient (J.-B. Say).

Le même auteur avoue aussitôt que l'échange joue un *grand rôle* (1) dans l'économie sociale. Chacun, répond-il à cette objection, ne consomme qu'une très petite partie de ce qu'il produit; il est bien forcé de vendre le reste pour acheter presque tout ce dont il a besoin.

(1) Ordinairement, J.-B. Say ne se contente pas de ces expressions *figurées* qui trompent, et le lecteur et parfois, comme ici, l'*auteur* lui-même.

132. L'échange procure des avantages considérables : 1° Il *réalise la récompense* espérée par tous les producteurs quand ils ont commencé leur travail.

En effet, l'utilité produite et *aliénée* par l'un des copermutants *excède*, par hypothèse, celle dont il a besoin pour sa consommation personnelle, tandis qu'elle *manque* à ses collaborateurs. Entre ses mains, elle leur est inutile aussi bien qu'à lui ; — transportée dans leurs mains, elle acquiert le complément d'utilité dont elle avait besoin pour servir à leur jouissance. Même raisonnement pour l'utilité *acquise* par lui et aliénée par eux.

Donc, l'échange est productif d'utilité, en ce sens :

1° Qu'il procure aux deux parties le moyen de satisfaire leurs besoins et leurs désirs.

2° Il est toujours accompagné (ou, ce qui revient au même, précédé) d'un travail de *déplacement* (ou locomotion des objets) qui met les produits échangés *à la portée* des consommateurs. — Ce travail est minime, il est vrai, si l'échange a lieu entre voisins.

3° Il suppose, en outre, un travail de *constatation* ou de *vérification*, qui acquiert une grande importance dans une association rationnelle : il convient de constater l'utilité produite, de *mesurer* la *récompense* due aux deux producteurs copermutants, pour que l'*équilibre* s'obtienne dans l'échange.

4° Enfin, un travail de *négociation*, indispensable dans une communauté de hasard (1), l'est encore, quoiqu'à un degré moindre, dans une société rationnelle ; il faut bien que chaque producteur qui désire aliéner pour acquérir, recherche ceux dont le désir est pareil, afin de contracter avec l'un d'eux.

(1) La Communauté s'abstient de constater d'avance les besoins et les forces productrices ; comp. n° 136. — Aussi des individus se constituent-ils spontanément intermédiaires ou *courtiers* entre les vendeurs et les acheteurs. Le Code de commerce semble avoir prévu la science nouvelle, quand il fait des courtiers une sorte de *fonctionnaires* (art. 81, 82, 88) destituables (art. 87, 88). — Il ajoute qu'ils sont nommés par le gouvernement (art. 75 2°).

133. La *valeur* d'un produit est déterminée par le concours de l'*offre* et de la *demande*.

Ce concours est amené par des causes diverses, dont plusieurs sont indépendantes du *mérite* des producteurs et de l'*utilité* du produit, savoir : la rareté des objets semblables ; la possession, par le producteur, d'un capital suffisant pour attendre...

134. Si les offres de produits semblables se multiplient, la *baisse* s'établit ; le producteur, forcé de diminuer ses exigences pour obtenir une acceptation, c'est-à-dire un achat, court risque de perdre tout ou partie de ses avances ; perte qui rejaillit sur ses ouvriers et bailleurs de fonds, quand il est insolvable.

135. Si les demandes de produits semblables se multiplient, la *hausse* s'établit ; le producteur, libre d'accroître ses exigences jusqu'au point où les demandeurs refuseront de le suivre, a la chance de réaliser un bénéfice sans limites, qu'il a droit strictement de s'approprier, sans que les ouvriers, les bailleurs de fonds... en profitent.

136. Ces phénomènes sont le résultat *naturel* et nécessaire de causes qu'il n'est pas au pouvoir des gouvernements d'empêcher.

137. L'individu *veut* être libre ; il est aventureux et aime mieux courir un *risque* en échange d'un *gain considérable* que se contenter d'un petit avantage certain.

133. La récompense du travail utile est déterminée, en principe, par sa *durée*.

Elle s'accroît exceptionnellement, si le travail est plus *méritoire*, par exemple s'il est dangereux, répugnant, pénible..., comme celui du couvreur, de l'égoutier, du mineur...

Elle diminue, si le travail est *moins* méritoire ; par exemple s'il est accompagné de jouissance, de louanges..., comme celui de l'artiste. Aj. n° 291.

134. L'associé qui s'assure, auprès des *statisticiens* officiels (n° 141), de l'utilité actuelle de son travail, dont il stipule (ou est censé stipuler) la récompense, n'a pas moins de mérite parce que l'agent *officiel* a commis une *erreur ;* — du reste, on conserve son produit, s'il est possible, jusqu'à utilisation.

S'il travaille isolément, s'il spécule sur ses lumières individuelles, il est en faute.

135. Le mérite du producteur d'utilité n'augmente pas parce que le statisticien officiel, chargé de constater les besoins, s'est trompé en indiquant un chiffre trop faible.

Du reste, la Société se verra forcée, par suite, de requérir un travail *complémentaire*, jusqu'à satisfaction entière des besoins individuels.

136. Une société qui veut prospérer s'éclaire par la statistique. Elle assure la subsistance et le développement intellectuel de ses membres par des réquisitions. Elle ne s'expose ni à l'insuffisance, ni à la surabondance de l'utilité.

137. La Société laisse les associés mécontents libres de *se retirer* pour l'avenir, sous la réserve des droits acquis. (C. civ., 1868 à 1870.) — Du reste, elle n'est point tenue de favoriser les tendances vicieuses.

La raison préfère le bénéfice assuré au bénéfice *aléatoire*, même plus considérable.

2° Débouchés.

138. C'est aux individus de découvrir un *débouché* suffisant pour écouler leurs produits. Le gouvernement se borne à faire les demandes que le budget des dépenses autorise; il en fait surtout pour la *guerre*, nos 146, 373.

139. Le stimulant de l'*intérêt* porte les producteurs à s'informer exactement des débouchés. Le stimulant du *besoin* porte les individus à rechercher les producteurs qui pourront le satisfaire.

140. La plupart des hommes n'ont ni le *temps* ni les *moyens* de s'instruire. Ils n'aiment pas à publier leurs préférences particulières pour tel ou tel genre d'utilité ou de travail.

2° Moyen d'amener et de restreindre la production d'utilité au niveau des besoins.

138. La société qui veut assurer la satisfaction des besoins individuels urgents *requiert* la production d'utilité *corrélative;* par là même, elle *éclaire* tous les associés disposés à y travailler; ils sont sûrs, en y apportant les soins voulus, d'obtenir une rémunération équitable.

Une fois la satisfaction des besoins impérieux assurée, la Société s'occupe des désirs *moins* urgents; elle requiert ou fait simplement connaître, selon les cas, la somme d'utilité destinée à les satisfaire.

139. Le stimulant de l'intérêt ne procure pas nécessairement à l'intéressé les *lumières* qui lui manquent.

L'individu intelligent et instruit sait à peu près ce qu'il lui faut et ce qu'il est apte à produire. Il sait beaucoup moins quels sont les autres individus aptes à produire ce qui lui manque, ou manquant de ce qu'il fabrique.

Si tous se concertent pour se *communiquer* leurs désirs et leur genre de travail, ils arriveront à satisfaire tous les désirs, en faisant converger tous les efforts individuels vers ce but commun.

140. Objectera-t-on l'ignorance des hommes? Cette objection est sans force quand la Société fait donner à tous ses membres une éducation générale qui les convainc des avantages énormes de l'association (n° 53). Ils apprennent ainsi qu'ils *doivent* se *faire connaître* mutuellement, avant tout, leurs *besoins* et leurs *ressources.* Chacun d'eux s'empresse alors de constater et ce qui lui manque et ce qu'il sait faire; il *demande* l'utilité qu'il est possible de lui procurer; il *offre* celle qu'il lui est possible de produire par son travail, porté et restreint aux limites rationnelles.

141. Ils ne savent *à qui* s'adresser pour faire cette communication.

Cependant quelques-uns se font *courtiers*, ou sollicitent l'autorisation de le devenir. (C. de com., 75-2°; ci-dev. n° 132, note.)

142. Quand les producteurs n'ont qu'un débouché insuffisant, ils se nuisent par leur *concurrence* jusqu'à ce que quelques-uns d'entre eux *se lassent* ou soient *ruinés*.

Quand les producteurs ne sont pas assez nombreux, ils renchérissent leurs prix, et les consommateurs en *souffrent*, jusqu'à ce que l'intérêt personnel ait amené des concurrents.

Des journaux se fondent peu à peu. Ils avertissent le public.

141. La Société établit dans chaque canton, dans chaque commune..., un agent chargé de constater les demandes d'utilité et les offres de production.

Nommons-le *statisticien* officiel.

Il écrit les *noms* (et la demeure) des associés demandeurs.

Il mentionne le *genre* d'utilité dont ils ont besoin; la *somme* qu'ils veulent de chaque genre.

. . . .

Il écrit les *noms* (et la demeure) des associés valides qui offrent leur travail productif.

Il constate également le *genre* d'utilité qu'ils se disent aptes à produire; — la *somme* qu'ils peuvent produire dans chaque genre.

. . . .

Appliquons cette idée à la production du pain.

L'agent officiel dresse la liste des *associés* qui ont besoin de pain (aj. n° 56); il note la *quantité* de kilogrammes... dont chacun a besoin et calcule le total. — Il dresse en même temps la liste des *boulangers;* il note la quantité de kilogrammes que chacun peut fabriquer et indique le total. — On reconnait ainsi s'il y a insuffisance ou surabondance de production.

142. L'agent officiel *publie* les résultats dès qu'ils sont connus. — Y a-t-il *insuffisance* de production? La société *requiert*, s'il s'agit de choses nécessaires, des producteurs nouveaux. On répartit la charge entre tous les associés valides (1); ou l'on alterne, en commençant par ceux que désigne le sort.

Y a-t-il *surabondance?* On interdit la production excessive; on avertit du moins qu'elle ne sera pas récompensée. — Les nouveaux aspirants sont dirigés

(1) On peut induire de là que l'éducation *générale* doit comprendre des notions des travaux *nécessaires* à la subsistance matérielle et au développement intellectuel.

143. Jamais entrepreneur ne fut sûr de recouvrer ses avances ; l'incertitude sur l'étendue des débouchés en est cause ; si l'entrepreneur fait travailler de confiance, il s'expose à un *encombrement* de produits.

144. La communauté de fait est impuissante à accroître les débouchés ; leur ouverture dépend de certaines circonstances variables, *accidentelles*.

145. Les débouchés extérieurs dépendent de nos rapports avec les nations *étrangères* : ils sont nuls ou peu étendus quand elles sont ignorantes, ou peu instruites, ou mal disposées pour nous.

146. Selon certains philosophes (Hobbes...), la guerre est l'état *naturel* de l'homme, n° 221.

vers des genres différents de production. S'il faut réduire le nombre des anciens producteurs, on choisit les plus méritoires par la voie du concours. A mérite égal, le *sort* désigne ceux qui se tourneront d'un autre côté.

143. La statistique sociale perpétuelle fait connaître *d'avance :* quel travail on *doit* faire ; quel travail on *peut* faire.

Il s'ensuit une certitude aussi grande que possible de ne pas travailler infructueusement ; à une condition toutefois : c'est que chaque associé *demande* l'indication officielle du travail désiré et contracte l'*obligation* d'exécuter ce travail en temps utile. Sa promesse constatée lui assure la priorité, en cas de concurrence, et le droit à récompense sous la garantie de la Société.

144. L'association offre toujours le débouché le plus étendu qu'on puisse obtenir d'après le dernier état de la science. En effet, elle assure à *tous* les associés la satisfaction rationnelle de tous leurs besoins impérieux d'abord, puis de tous leurs désirs raisonnables jusqu'à épuisement de l'utilité artificielle susceptible d'être produite par la collection des associés valides.

145. Les nations doivent s'associer entre elles pour obtenir le maximum d'utilité. V. nos 229 et suiv.

Elles doivent se communiquer leurs découvertes respectives : éducation *internationale* universelle.

Elles doivent échanger pacifiquement tous les produits qui excèdent leurs propres besoins : échange *universel.*

Elles doivent, à plus forte raison, s'abstenir de se nuire.

146. L'homme craint la douleur pour lui-même et souffre de la douleur d'autrui. Il est irritable, sans doute. Mais l'éducation développe chez lui la *sympathie* et *atténue* l'irritabilité ; elle lui démontre les avan-

XII

Monnaie.

147. La monnaie est à peu près *indispensable* au producteur. Faute de monnaie, il ne trouverait point de copermutant disposé : 1° à lui céder ce qu'il demande ; 2° à prendre ce qu'il offre.

Au contraire, qu'il vende : avec le prix, il achètera facilement ce dont il a besoin.

148. La monnaie est rare ou elle abonde.

Est-elle *rare ;* le producteur n'obtient qu'un prix médiocre de son travail. Parfois il subit une

tages du travail et de la paix, ainsi que les inconvénients de la guerre et de l'oisiveté. Donc, plus la science se répandra, plus le fléau de la guerre sera diminué. On tendra de plus en plus vers sa suppression totale.

XII

Mesure de la récompense due au travail utile.

147. L'utilité de la *monnaie* diminue fort dans une société rationnelle.

L'associé, avant de travailler, s'informe des produits qui sont demandés; il se renferme dans les limites indiquées par la statistique officielle; il stipule même que la Société prendra la chose à ses risques. D'autre part, il déclare de quelles choses il a besoin et stipule qu'elles lui seront procurées sous la garantie de la Société. Ces conditions remplies, il est sûr d'obtenir l'utilité qu'il voulait acquérir, pourvu qu'il livre celle qu'il s'est chargé de produire. La monnaie est *superflue.*

Elle conserve son utilité pour le cas où les conditions ont été méconnues, pour le cas de production individuellement exécutée.

Elle est utile encore, dans tous les cas : 1° afin d'*équilibrer* les produits inégaux (à cause de son extrême divisibilité); 2° pour *accélérer* la récompense, malgré la lenteur possible de la production corrélative.

Elle a toujours une utilité *transitoire* à l'égard des peuples qui n'adoptent pas le principe de l'association.

148. Dans une société véritable, chacun n'obtient la promesse que *tous* les autres (des *millions* d'hommes...!) travailleront pour lui, qu'en promettant lui-même un

perte (il est alors *puni* (!) plutôt que récompensé).

Abonde-t-elle; le consommateur n'obtient ce dont il a besoin qu'en sacrifiant un prix *exorbitant*. Il perd si lui-même avait vendu trop bon marché son produit personnel.

149. Dans l'économie politique individu*aliste*, la monnaie doit se définir, à mon sens, la *mesure commune* (1) de la valeur des produits (c'est-à-dire du sacrifice que l'individu juge à propos de consentir, sous la pression des circonstances).

Je le prouve. On ne peut mesurer les richesses qu'avec d'autres richesses; la valeur qu'avec une autre valeur... En effet, on ne peut mesurer des lignes qu'avec des lignes, de la chaleur qu'avec de la chaleur..., et ainsi de suite.

Mesurer, c'est *comparer*.

150. Le mérite du travail est, comme l'utilité, laissé à l'appréciation *fortuite*, capricieuse, ignorante, intéressée...

(1) Les *arithméticiens* mettent instinctivement le *franc* à la suite du *litre* et du *gramme*, en exposant le système métrique; mais ils n'expliquent pas pourquoi. Ils omettent, du reste, la plupart des mesures étrangères à la géométrie. On pourrait qualifier *métrologie* la science des mesures de toute espèce. (Baromètre, hygromètre, dynamomètre, métronome...)

travail raisonnable. Il ne saurait donc abuser de circonstances fortuites, accidentelles, pour exagérer le *mérite réel* de son travail.

Réciproquement, ses associés ne sauraient abuser de son embarras accidentel pour exagérer le mérite du service qu'ils lui rendent. (Ils n'en ont pas besoin : la collaboration de plusieurs millions d'hommes est par elle-même un avantage immense.)

Donc, chaque associé a droit à sa récompense équitablement déterminée ; — il *n*'a droit *qu*'à cette récompense.

En d'autres termes, il peut exiger le travail *corrélatif* du sien ; — il *ne* peut exiger *que* ce travail.

149. Dans le système rationnel, la Monnaie est la mesure du *mérite* du travail exécuté par le producteur ; — ou, si l'on veut, la mesure de la *récompense* due à l'associé qui l'a méritée par son travail.

Cette mesure peut consister uniquement dans la *constatation*, par l'autorité compétente, de la quantité du travail exécuté et des circonstances qui rendent ce travail plus ou moins méritoire.

La constatation peut aussi être accompagnée de l'octroi d'une chose utile ou utilisable (sûreté, récompense provisoire).

150. Le mérite du travail est, en principe, dans la fatigue qui l'accompagne. Donc, ce mérite est proportionnel à la *durée* du travail.

Exceptez les cas de danger, de dégoût, de fatigue extraordinaire..., ou, en sens inverse, de plaisir, d'honneur...

151. Les hommes illettrés et dénués de capital se résignent seuls à exercer les métiers *périlleux, répugnants, pénibles*... Quand ils sont assez nombreux, ils n'obtiennent qu'un maigre salaire, par suite de leur propre concurrence.

152. On excepte les *soldats*, dans certains cas.

Du reste, les militaires *lettrés* ont les principales chances d'obtenir des grades, des récompenses honorifiques.

153. Réciproquement, les hommes lettrés ont à peu près le monopole des professions *libérales*, ou travaux attrayants, qui procurent honneur ou plaisir, ou les deux à la fois.

154. On juge nécessaire de stimuler les artistes, les gens de lettres... Il en résulte qu'une multitude d'hommes dénués de dispositions *naturelles* suffisantes se jettent sur les travaux *agréables*, afin de se soustraire aux labeurs pénibles. — On dispense du recrutement certains individus.

151. Les travaux périlleux, répugnants, pénibles... sont évidemment *plus méritoires* que les autres, et surtout que ceux qui procurent un plaisir simultané ou des satisfactions d'amour-propre (travaux attrayants).

Si les travailleurs volontaires *manquent*, la Société procède par voie de réquisition (nos 390, 419).

152. On a entrevu le vrai principe à l'égard des soldats, parce qu'ils ont été, ils seront peut-être encore des instruments de conquête. Tous les soldats ont droit à récompense *proportionnelle*, pour leur mérite prouvé.

Les *couvreurs*, les *mineurs*... risquent leur vie et sont utiles à la Société. Donc, elle leur doit une récompense spéciale, comme aux soldats.

153. Les travaux dont l'exécution est accompagnée de plaisir, et parfois d'honneur, de gloire même... comme la musique, la peinture... n'ont pas besoin d'encouragements aussi énergiques : ils emportent avec eux un commencement de récompense.

D'un autre côté, les artistes, les poètes... sont affligés des mêmes *besoins* que la vile multitude ; il faut bien pourvoir à leur subsistance comme à celle du vulgaire. On applique ici ce qui a été dit sur la production du nécessaire et sur l'éducation universelle.

154. Il suffit, pour entretenir le culte des arts et de la poésie, de rechercher les hommes capables de les cultiver avec succès. — Cette recherche s'opère par la *comparaison* publique des aspirants de tout âge, de tout sexe.

Chaque associé, fût-il dénué de talent naturel, est libre de *se récréer* à l'aide de la littérature, de la musique...

Nul ne peut se soustraire à la réquisition faite dans l'intérêt général, fût-il ministre de Mahomet ou de Brahma.

155. Le consommateur qui a besoin d'un produit est obligé d'offrir à son futur vendeur une *marchandise* telle qu'il soit disposé à l'*accepter*. Les métaux précieux satisfont à cette condition.

156. Les métaux précieux, l'argent, qui en est resté le type, l'or..., sont généralement recherchés. Ils ont une grande valeur sous un *petit volume;* ils sont très *divisibles*.

157. L'unité monétaire se tire *à l'origine* du poids du métal (marc, livre...). Plus tard, après des altérations officielles (comme il y en a eu sous Philippe le Bel, sous Louis XIV...), elle devient *arbitraire* (franc...).

158. Les gouvernements donnent des noms de *fantaisie* (un souverain, un louis, un philippe...) qui rappellent leur *pouvoir* ou les *personnes* qui en sont revêtues. Ces noms ne sont même pas toujours inscrits sur les pièces.

159. Ils sculptent sur leurs pièces l'image du *monarque* régnant; les gouvernements qui sont ou se disent républicains se croient obligés de mettre quelque chose d'analogue à sa place. Ils font sculpter une tête de femme ou d'autres

155. Il s'agit, pour la Société, d'encourager le travail à faire, de récompenser le travail accompli. Donc, elle a besoin, avant tout, de vérifier, d'apprécier, de *constater* le travail (ou la portion de travail) qu'elle veut encourager, ou qu'elle doit récompenser.

156. Il *faut* constater le travail ; mais il *suffit* de le constater. Un *écrit* ferait donc à la rigueur l'office de monnaie. Mais les métaux *inaltérables* offrent l'avantage de *préserver* la constatation des accidents qui la feraient disparaître. Ils constituent une sorte de *sûreté*, de garantie... au profit du producteur, qui attend la réalisation de la récompense définitive avec plus de patience.

Du reste, ils conserveront longtemps encore un avantage de *transition :* ils rendent praticable l'échange avec les peuples peu avancés.

157. La Monnaie constate le mérite et, par conséquent, la durée du Travail.

Donc, la Société qui la fait fabriquer choisira pour *unité* de sa monnaie une unité de *temps;* — par exemple : l'*heure* de travail.

Les *multiples* seraient : le jour, la semaine (?)...

Les *sous*-multiples seraient : la demi-heure, le quart d'heure, la minute...

158. Le nom d'une pièce de monnaie (ou plutôt du *titre* rémunératoire) se tire de l'unité choisie; par exemple : tant d'heures de travail.

159. Une monnaie quelconque énonce la *durée* du travail dont elle *constate* la récompense.

Une monnaie métallique mentionne la *substance* (surtout si elle est mixte : tant d'alliage de *fin*), le *poids;* par exemple : (1 franc) 5 grammes d'argent, sauf 1 ou 2 décigrammes de cuivre, afin que le vendeur

figures *allégoriques*. On entoure l'image d'ornements divers, d'invocations *théologiques*.

160. Le producteur *offre* son produit, jusqu'à ce qu'un acheteur l'accepte. Parfois il *attend*; il subit la *baisse* qui atteint les produits du même genre ou bien la *hausse* des monnaies... Dans ces divers cas, il perd tout ou partie de sa récompense.

161. L'acheteur ne s'inquiète nullement des *dangers*, des *dégoûts*, des fatigues extraordinaires... qu'a dû braver le vendeur (ou le travailleur dont il est l'ayant cause).

162. Les possesseurs d'utilité (capitaux monnayés ou non) sont libres de la garder *oisive* en se privant de jouissance. L'*État* même ne saurait les exproprier (V. cependant un publiciste portugais, Pinheiro-Ferreira), si ce n'est pour payement de contributions.

sache combien on lui donne. — Trop de personnes, en France, ignorent qu'on appelle franc une pièce d'argent pesant *cinq grammes*.

Les ornements, la date, le lieu de la fabrication ont pour but de prévenir les altérations. Mais le délit de fausse monnaie est rare dans une société qui peut, à la rigueur, *se passer* de monnaie, et chez qui la spéculation monétaire est peu lucrative.

160. Le producteur qui vient de terminer un travail dont l'utilité est officiellement admise, fait *constater* cette utilité, le temps nécessaire à la production, le *mérite* du travail... Il se fait remettre, sans délai, ou l'utilité qu'il désire, en nature; ou la quantité de monnaie *corrélative* (c'est-à-dire, en général, proportionnée à la durée de son travail).

161. Le mérite *exceptionnel*, n° **151**, se constate comme la durée. — Pour simplifier, on peut le considérer comme un *complément* de durée; on donne alors la récompense que mériterait un travail ordinaire d'une durée plus longue.

162. La Société procure des avantages immenses à ses membres : elle peut stipuler que l'utilité demandée par elle sera livrée, soit au mandataire *officiel*, pour la jouissance en commun (livres de bibliothèques publiques, tableaux de musées...), soit à l'associé qu'elle indique : on suppose que cet associé a, de son côté, produit l'utilité dont il était *débiteur*.

Il ne reste plus qu'à *vérifier* et mesurer, de part et d'autre, les deux utilités échangées, pour s'assurer que les deux producteurs sont équitablement rémunérés.

XIII

Signes représentatifs de la Monnaie (1).

163. Dans la société actuelle, tout individu a besoin d'*argent* pour se procurer le nécessaire.

L'entrepreneur a besoin d'argent pour payer : 1° le vendeur de *matières* premières et d'*instruments;* 2° les *ouvriers* qui feront la besogne pour son compte; 3° le *bailleur* de fonds auquel il emprunte un capital pécuniaire à intérêt ou gratuitement; 4° le *propriétaire* foncier qui lui cède la jouissance temporaire de son immeuble, moyennant loyers ou fermages.

164. L'Entrepreneur (ou tout autre) qui a promis de l'argent est forcé de s'en procurer à l'échéance, même à perte, sinon il est déclaré *failli*. (S'il n'est pas commerçant, il est en déconfiture ou insolvable.) — Et cela, quand même il aurait exécuté un travail *excessif*.

165. Le débiteur dépourvu de l'argent qu'il a promis s'adresse à un *banquier* (commerçant d'argent; capitaliste ou entrepreneur, n° 174).

166. Le Banquier vient au secours du débiteur d'argent : 1° par un *prêt* à intérêt, les espèces étant comptées au débiteur lui-même ou bien : à un tiers par son ordre, (2°) à son créancier,

(1) Plus clairement : des lettres de change, billets de banque, papiers-monnaies; — ou : de la Banque, du commerce d'argent.

XIII

La Société doit-elle encourager ou pratiquer la Spéculation *sur la récompense du travail?*

163. Dans une société rationnelle, l'associé doit exécuter le travail officiellement indiqué; cela fait, il est sûr (à moins d'un cataclysme...) d'obtenir toute l'utilité que pourrait produire un travail *égal* au sien (sauf la portion réservée aux infirmes).

Il *s'entend* avec les collaborateurs dont il a besoin pour extraire, apporter, façonner... les choses utiles qui lui serviront à produire l'utilité dont il se charge. Mais il n'est pas obligé de faire ou de promettre un sacrifice personnel (autre que son travail) pour les *déterminer*; leur mérite se constate et leur rémunération s'effectue officiellement, n° 160.

164. La Société réserve son blâme pour la faute, pour l'*oisiveté* volontaire de l'homme valide.

Tout associé qui accomplit le travail officiellement indiqué est à l'abri des accidents, si ce n'est comme associé : il souffre (pour sa part seulement) des pertes communes.

165. L'associé *offre* à la Société son travail (dans les limites de l'hygiène); il s'informe quel *genre* d'utilité il doit produire. Quand il l'a produite, il réclame la somme d'utilité corrélative dont il a besoin.

166. L'intervention du Banquier est une opération improductive, suivant le langage de l'ancienne économie politique, car la somme des capitaux *n*'en est *point* augmentée.

Cependant, si la *prospérité* générale en était accrue, il y aurait production d'utilité, d'après la théorie nouvelle.

au créancier de son créancier (*payement* pour le compte de l'emprunteur); 3° par une *cession* de créance ou novation; 4° par un mandat de payement ou *délégation;* 5° par une lettre de change (traite), valeur en compte, en marchandises, en son billet; 6° par un achat de créance ou *escompte.* — Ce dernier moyen libère le débiteur, mais seulement jusqu'à concurrence de la somme remise par l'escompteur. Les cinq premiers moyens ne le libèrent qu'envers son créancier actuel et le laissent débiteur du banquier pour une somme encore plus considérable. Il recule pour mieux sauter.

167. Le Banquier qui procure un certain *délai* au débiteur d'argent, — à plus forte raison celui qui procure libération définitive par l'*escompte,* — rend un service analogue à celui des autres commerçants. Il se le fait payer sous le nom d'agio, change, commission, courtage...., aussi *cher* que le permet l'abondance de l'argent, eût-il affaire à un producteur actif.

168. Quand la monnaie abonde momentanément dans un pays, les commerçants font affluer les marchandises et amènent la *rareté* de l'argent, ce qui occasionne bien des *faillites,* jusqu'à ce que le phénomène inverse ait ramené l'abondance.

Mais à quoi bon ces mouvements d'espèces, ces *virements*, ces mutations juridico-commerciales? De quoi s'agit-il, après tout? de vérifier si l'associé a rempli ses obligations, s'il a exécuté le travail auquel il est raisonnablement tenu. Or, c'est ce que ne fait point le Banquier, qui parfois intervient pour un *oisif*, parfois refuse son concours à un *travailleur*. Son but est de prélever une portion du bénéfice du producteur et du sacrifice consenti par le consommateur. Il profite de ce que le débiteur (ou le créancier) ne peut livrer (ou toucher) sur-le-champ la monnaie convenue.

La Société a pour but unique d'encourager le Travail.

167. La Rémunération, quand elle ne résulte pas d'un échange de gré à gré (1 livre contre 1 vêtement), se fait par l'intervention de la *Société* ou du moins sous sa surveillance.

Elle suppose un travail de *vérification*, d'appréciation, de permutation... Ce travail n'implique ni péril, ni dégoût, ni fatigue... il mérite simplement la récompense *moyenne*. — Il est d'un intérêt général, car la Société a besoin de l'Utilité : elle en favorise la production. — Donc elle fait sagement de confier le travail de *Rémunération* à des agents publics, *Rémunérateurs officiels*, au lieu de s'en remettre à des *spéculateurs* privés.

168. Si la Société se borne à *constater* le travail utile, les certificats qu'elle délivre, — hors le cas d'échange réalisé sans intermédiaire : 1 vêtement contre 1 livre..., — les *certificats de travail*, dis-je, ne font que constater une certaine durée de labeur. On ne saurait, avec ces certificats, obtenir *que* la somme d'utilité produite par un travail égal ; on ne les recherchera pas dans l'espoir d'obtenir une utilité plus

169. Les Gouvernements ne fabriquent que *peu* de monnaie, même quand elle est *rare* (1).

170. Ils *ne* consultent *point*, pour accroître ou restreindre leur fabrication de monnaie, la statistique de la production.

171. Quand même l'État frapperait beaucoup de monnaie, les particuliers l'absorberaient bientôt pour se constituer un capital et ne *rien* faire.

172. Les gouvernements ont souvent, l'histoire le prouve, *altéré* les monnaies, n° 157.

(1) La promesse d'une somme, faite au moment où l'argent abonde, devient plus difficile à tenir, quand il devient rare. Et cependant, le créancier n'a plus besoin que d'une somme *moindre,* pour obtenir l'utilité effective qu'il désirait. — Résultat inverse dans le cas inverse.

grande. — En sens inverse, on est sûr d'obtenir *toute* cette utilité; on n'a nul intérêt à se défaire des certificats *avant* l'époque de l'échange.

169. Si la Société juge à propos d'émettre une monnaie métallique, n° 156, elle en émet une quantité *suffisante* pour prévenir la disette de numéraire. Quand la disette se fait sentir, on active la fabrication. Quand l'abondance revient, on continue de fabriquer en vue d'une raréfaction nouvelle; mais on tient l'excédant *en réserve* jusqu'au moment où l'argent redeviendra rare. Alors on mettra en circulation la monnaie récemment fabriquée, en achetant du nécessaire (si des associés en manquent) et, subsidiairement, des choses utiles ou d'agrément.

170 En principe, la Société frappe autant d'unités de monnaie métallique qu'il y a chez elle d'*heures* (ou de journées) légalement remplies. Elle le sait par le moyen de la Statistique perpétuelle, nos 141 et suivants.

171. Sous un système rationnel, la possession d'un capital, monnayé ou non, *ne dispense* personne de travailler. Le désir d'accumuler de l'argent ou d'autres choses utiles ne peut donc se développer outre mesure, en ce sens qu'il ne procure jamais à l'associé valide le privilége de ne rien faire. — En outre, l'égalité s'oppose à ce que des individus se procurent l'Utile, si tous les autres n'ont pas le Nécessaire. — La collaboration amène, pour la masse, le progrès simultané.

172. Une société équitablement constituée exerce son pouvoir au profit de *tous* ses membres.

Elle n'aurait pas grand intérêt aux altérations monétaires : elle se frustrerait *elle-même*.

173. Ils ont essayé de substituer du *papier* aux métaux précieux.

174. Certains banquiers prennent en *dépôt* (ou plutôt *empruntent*) l'argent d'autrui, puis l'exploitent à leur profit, déduction faite d'un intérêt limité, réservé aux déposants (ou prêteurs). Ceux-ci consentent à l'arrangement pour se débarrasser de la garde de l'argent, et parce qu'ils se réservent le droit d'exiger leur remboursement à volonté, ou à peu près. Voyez ci-dessus, n° 166.

175. Ces mêmes banquiers émettent parfois des *billets*, avec lesquels ils augmentent fictivement leur capital. Survient une *crise* : tous les déposants, tous les porteurs de billets se présentent *à la fois*, et... la banque est *rompue*; il y a banque*route (bankruptcy)*.

176. La nécessité de convertir les produits en monnaie expose à des embarras accessoires.

Quand la monnaie doit être livrée dans une autre *place*, il faut que l'une des parties l'y transporte, l'en fasse venir, — ou bien évite le

173. Tant que la Monnaie est une marchandise d'un prix variable au gré de l'offre et de la demande, il est impossible de faire accepter, aux vendeurs, du papier à la place des métaux *précieux*.

Cette proposition s'applique, au moins en partie, à la Société perfectionnée qui émet des monnaies *métalliques*.

Elle n'a plus de sens du moment que la Monnaie est tout simplement la *constatation* du Travail utile. Cette constatation est évidemment praticable sur du papier, par écrit. Il est vrai qu'elle doit être faite avec soin, ce qui suppose éducation et publicité.

174. La Monnaie purement *constatatrice* est facile à garder. — Si elle est fabriquée avec une substance métallique, la Société se charge elle-même d'en conserver le *dépôt*. La Société peut, si elle n'a pas besoin de faire payer le gardien officiel par les déposants, prendre à son compte le salaire de ce gardien. C'est une dépense modique, amplement compensée par le grand avantage qu'on trouve à encourager le Travail.

175. La Société qui se charge de garder la Monnaie rémunératoire *ne spécule pas*, sauf à récompenser les agents dépositaires. Elle délivre de simples certificats des sommes dont se compose la masse monétaire qu'elle détient. La publicité sert de perpétuel contrôle à la fidélité des agents. Par exemple : on *affiche* constamment le tableau des sommes déposées et des billets corrélatifs.

176. Si le producteur d'utilité a besoin de réaliser la récompense qui lui est due dans un endroit éloigné de celui dans lequel il a travaillé et fait constater le mérite de son travail, il demande que la récompense soit remise dans cet *autre endroit*.

L'opération vulgaire du change est remplacée par

transport en opérant un *change* souvent coûteux.

177. Un entrepreneur, un ouvrier peuvent engager leur travail *d'avance :* ils obtiennent ainsi du stipulant (ou d'un banquier intermédiaire) une somme plus ou moins considérable qui leur procure des jouissances (ou des opérations auxiliaires de production, par ex. : des fabrications d'instruments) *anticipées.*

178. La loi donne au propriétaire le droit d'aliéner; il exerce ce droit quand il *veut :* 1° Il peut vendre, puis *r*acheter... et ainsi de suite, indéfiniment. 2° Il peut acheter, puis *re*vendre... et ainsi de suite, indéfiniment. — Malgré le Code pénal (a. 421, 422), celui qui n'a rien ou qui a tout juste de quoi rassurer l'agent intermédiaire, peut vendre ce qu'il n'a pas *(à découvert)* pour le racheter en *baisse,* ou acheter, sans livraison, ce dont il ne veut pas, et qu'il ne saurait payer en totalité, pour le revendre en *hausse;* sauf, s'il s'est trompé, à compter la différence.

une *commission* que l'autorité du lieu de Production donne à l'autorité du lieu de Rémunération. Ces commissions ou mandats sont l'occasion d'une sorte de compte courant dont la balance est soldée par l'autorité du lieu où se *fabrique* la Monnaie.

177. La promesse qui, peut-être, ne sera jamais remplie, par suite de mort, de maladie grave, est une *imprudence* de la part du promettant. L'imprudence est égale de la part du stipulant, s'il n'y a stipulation aléatoire, accompagnée d'un bénéfice *peu louable*.

L'*État* a-t-il besoin de faire des stipulations de ce genre? Nullement. Tous les associés que l'hygiène n'en dispense pas sont tenus de travailler. L'application de ce principe garantit à la Société le maximum de production. Elle serait *dupe* d'octroyer une anticipation qui n'obtiendrait peut-être pas de succès. Elle serait *injuste*, si elle abusait du besoin ou de l'impatience d'un de ses membres pour escompter la récompense qu'il aura plus tard méritée.

Du reste, l'Etat doit *avancer* le *Nécessaire*. Il faut que les associés subsistent, à la charge de travailler. (On nourrit dès aujourd'hui les criminels privés de leur liberté.)

178. L'opération qui consiste à acheter bon marché une utilité (dont on ne veut pas jouir ou tirer parti personnellement), afin de la revendre plus cher à celui qui en a besoin, n'accroît en rien le Capital national; donc elle n'est pas productive d'utilité nationale; donc elle *ne* mérite *pas* de *récompense* nationale.

Il en est de même de l'opération qui consiste à vendre cher une chose (qu'on veut garder en définitive ou même qu'on n'a pas du tout) afin de la racheter meilleur marché de celui qui aura besoin d'argent.

L'agiotage sur l'argent, la spéculation en général (ou l'achat pour revendre, la vente pour racheter), sont des travaux inutiles et, par conséquent nuisibles :

XIV

Propriété.

[Pouvoir illimité de détruire, d'*in*utiliser; droit d'affectation posthume; privilège indirect d'éducation libérale, absorption des forces naturelles...]

1° But du propriétaire non associé.

179. La Propriété est le droit de *disposer* d'une chose (C. civ. 544), c'est-à-dire d'en faire ce qu'on *veut*.

L'analyse découvre dans ce droit complexe une foule de droits élémentaires; voici les principaux :

1° Droit de *détruire* ou *laisser dépérir* à sa fantaisie; 2° droit d'*exploiter* à son gré; d'*interdire* l'exploitation aux autres ou de stipuler un *prix* pour l'autorisation qu'on leur accorde.

Bien mieux, dans une communauté provenant de l'ignorance primitive ou de violences dont les privilégiés actuels peuvent se dire innocents, la Propriété comporte des avantages *indirects* : entre autres une sorte de droit d'*inégalité* ou de *supériorité* sociale, impliquant jouissance exclusive du développement moral et intellectuel, des honneurs et des magistratures..., du travail agréable, avec dispense du travail dangereux,

l'agioteur, le spéculateur... feraient *autre* chose. Le vrai commerce seul libère l'associé de son devoir de collaboration.

XIV

Jusqu'à quel point la Société doit laisser aux associés le droit de détruire l'Utilité, d'en gêner le développement, de faire tourner ce développement à la dispense des devoirs sociaux ou à l'obtention de privilèges.

1° But de l'associé propriétaire.

179. La Propriété est le droit d'*appliquer* une chose à la *satisfaction* rationnelle des besoins et des désirs, au développement physique, moral et intellectuel : — ce qui comprend le droit de faire servir la chose à la production d'une utilité nouvelle ; — mais non la faculté de détruire pour détruire.

Bien mieux, dans une société rationnelle, le propriétaire stipule un avantage énorme de nombreux associés ; il s'impose en retour le devoir, en tant que sa jouissance le comporte : 1° de *conserver* la chose ; 2° de la *laisser exploiter* au besoin par d'autres, s'il ne l'exploite lui-même ; 3° de prendre part aux *travaux* obligatoires, ou de faire *preuve d'aptitude* pour l'obtention d'un travail agréable, tel que l'exercice d'un art ou d'une fonction publique ; — de respecter les avantages légitimes mérités par les associés...

Il revendique le droit de *ne pas* être traité en *inférieur* ; — il se soumet au devoir de *ne pas* se poser en *supérieur*.

Il ne s'arroge pas le monopole des Forces Naturelles au détriment de ses associés. — Il stipule la perpétuité

répugnant ou pénible... — Elle s'applique d'ailleurs au sol, aux Forces Naturelles.

180. Chaque homme acquiert la propriété *indépendamment* de tous les autres hommes.

Il exerce sa volonté individuelle sans se préoccuper de la volonté *commune*.

181. On discutera plus loin le fondement du droit, nos 207 à 215. — Quelque système qu'on adopte, il n'est pas nécessaire de travailler pour devenir propriétaire.

Faire ce qu'il *veut* d'une chose acquise avec ou *sans* travail, tel est le but de l'*individu.*

2° Jouissance quasi absolue, abstraction faite de l'intérêt d'autrui.

182. A. *Destruction abusive.* Le maître fait ce qu'il *veut.* Il veut anéantir; que sa volonté s'exécute. Il possède un être animé; il a droit de le torturer, par irritation, par caprice... Il possède des milliers d'hectolitres de blé, des édifices inhabités, des millions de livres choisis, des chefs-d'œuvre de Raphaël...; il a droit d'y mettre le feu V. Pothier, n° 5, 4° *(Jus abutendi).*

au profit des générat. futures tout entières. — Il répudie l'enrichiss. provenant du hasard ou de la spéculation.

180. En s'associant, l'individu conserve des *droits* (nonobst. Aug. Comte); mais il s'impose des *devoirs*, il est tenu de *concilier* les uns avec les autres, de concilier sa volonté avec celle de la Société. — Ainsi, le propriétaire a droit sans doute d'exiger qu'on assure *sa* subsistance, *son* développement moral et intellectuel. Mais il doit en revanche contribuer au développement, à la subsistance d'autrui.

Vous voulez que les autres travaillent pour vous; travaillez pour les autres vous-même.

181. On démontrera plus loin, n°s 207 à 215, que l'attribution du droit de propriété n'est autre chose que la *rémunération* équitable du *travail* qui produit l'utilité, rémunération applicable à tous les associés qui travaillent.

Satisfaire ses désirs *raisonnables* avec une chose dont la possession a été *méritée* par le Travail, — les autres étant mis à même d'en faire autant, — tel est le but de l'*associé*.

Déterminons d'abord l'*étendue* de la Propriété; la démonstration deviendra plus facile.

2° Jouissance conciliée avec la prospérité sociale.

182. A. *Conservation sauf jouissance* (ou destruction *utile*). L'institution de la Propriété n'a pas pour but de contenter cet instinct destructeur qui s'observe chez les enfants; — « cet âge est sans pitié, » dit La Fontaine, IX, 2.

Le but raisonnable est la satisfaction des désirs.

Distinguons entre les choses qui se *consomment* par le *premier* usage (*ipso usu*), le blé, le vin, les denrées..., et celles qui subsistent malgré la jouissance, les bâtiments, les œuvres d'art...

La propriété est le droit de disposer... de la manière *la plus absolue*, dit le Code civil (a. 544). [Il est vrai qu'il se contredit lui-même sur-le-champ et admet que l'usage (c'est-à-dire l'exercice, ou bien (?) la jouissance, la disposition) doit être conforme à de simples *règlements*. Ib. à la fin.]

183. Les lois existantes admettent, en effet, des exceptions, beaucoup plus nombreuses qu'on ne le croit communément. C. civ., 544 à la fin, 2092; C. pén., 334; loi Grammont (deuxième Républ.), etc., etc.

184. Qui peut détruire peut, à plus forte raison, *laisser périr*. Le maître ne commet aucune faute en négligeant sa chose. (Privilège d'*inertie*.) C. civ., 607, 2175 *a contr*. — *Rem quasi suam neglexit*.

185. Le poète, l'artiste, le savant, l'inventeur... auraient pu ne pas communiquer leurs œuvres; ils peuvent les détruire après la communication.

A l'égard de celles-ci, où est la nécessité de les détruire pour en jouir? L'intérêt individuel, d'accord en cela avec l'intérêt social, prescrit de les *conserver* le plus longtemps possible, tout en jouissant.

Bien plus, on *n'*a droit de détruire les choses qui se consomment par le premier usage *que* pour les employer à la satisfaction des besoins ou désirs légitimes. De ce que le maître d'un pain ne saurait s'en nourrir sans le dénaturer, il ne s'ensuit nullement qu'il ait droit de le *jeter au feu*, de le souiller, de l'anéantir, n'importe comment, sans utilité pour personne, au risque de laisser mourir de faim un ou plusieurs individus.

183. Ce qui est aujourd'hui l'exception doit devenir la règle. Les législateurs romains l'ont pressenti, quand ils ont voulu adoucir le sort des esclaves : *Expedit Reipublicæ*, dit Antonin (Instit.,VIII, § 2), *ne quis re sua* MALE *utatur*.

L'intérêt de tous veut que le Capital social s'accroisse indéfiniment, pendant que les individus jouissent du degré de prospérité compatible avec le dernier état de la science. On n'y parvient qu'en supprimant la consommation *irrationnelle* ou capricieuse, nos 358-60.

184. Allons plus avant : l'intérêt général veut que les associés propriétaires veillent activement comme des *usufruitiers* (C. civ., 605, 601) à la *conservation* de l'utilité dont ils jouissent (par exemple : d'une maison). Sa perte nécessiterait un nouveau travail pour la remplacer. Mieux vaut produire une utilité *différente* qui n'existait pas encore. (Devoir de conservation *vigilante.*)

185. Tant que le capital intellectuel (no 42) est dans la pensée du savant (*in mente retentum*), il n'existe pas pour la Société. Cependant, le savant, l'artiste... sont tenus moralement de travailler à l'éducation, aux jouissances intellectuelles de leurs semblables, sous la

Leurs représentants ont le même droit... jusqu'à la fin des siècles. V. la biographie du duc de Mazarin.

186. B. *Monopole d'exploitation*. Qui peut détruire la chose peut, à plus forte raison, la laisser *in*utile; — à plus forte raison, l'affecter à tel ou tel genre d'utilité, reconnue *fausse* par les hommes instruits.

Donc le maître a droit de *supprimer*, d'interdire à tous les autres hommes l'*exploitation* (ou utili*sation*). Il a droit de *déterminer* celle qu'il lui plaît d'assigner.

Il laisse en friche des terres labourables; il y sème du sel, de la cigüe, de l'ivraie.... quand le froment est rare. — Il rase un hospice et bâtit une villa... — Il consomme des capitaux considérables en cérémonies superstitieuses (Brunoy), en feux d'artifice...

187. L'affectation capricieuse ou mal conçue s'exécute au besoin par l'intermédiaire d'un tiers intéressé, tel qu'un donataire conditionnel.

Celui qui peut détruire la chose un instant avant sa mort peut, à plus forte raison (Batbie), la *léguer*, à condition que le légataire et ses descendants à perpétuité en feront un emploi déterminé. (Privilège d'affectation *posthume* perpétuelle.) — V. cependant C. civ., 910, 937.

réserve de la juste récompense qui leur est due. — Si Virgile anéantit ses poésies, Phidias ses statues, Raphaël ses tableaux..., ils causent au genre humain un tort irréparable.

L'héritier de l'homme de génie est encore plus coupable, si, par cupidité déçue, par caprice, il supprime le chef-d'œuvre.

186. B. *Utilisation sociale.* Il est impossible de porter l'Utilité véritable à son *maximum*, si *toutes* les choses (non affectées à la satisfaction des désirs) ne sont pas *constamment* exploitées ; — et exploitées de manière à devenir *réellement* utiles (d'après le dernier état de la science). Il faut que tous les associés deviennent propriétaires, du Nécessaire d'abord, puis de l'Utile, et enfin du Luxe rationnel.

Donc la Société peut exiger l'exploitation universelle et perpétuelle (toujours sous réserve d'une satisfaction raisonnable des besoins et des désirs).

Le Producteur qui se soumet à l'obligation commune du travail n'a en vue que l'utilité propre à le nourrir, à le loger... Il n'oserait avouer une prétention plus étendue que celle de ses collaborateurs. La récompense du mérite le plus grand n'implique point destruction capricieuse ni monopole d'exploitation.

187. Si la Société peut restreindre le pouvoir de détruire, d'exploiter ou de n'exploiter point, elle peut *a fortiori* restreindre le pouvoir de déterminer l'emploi pour le temps où l'on n'existera plus. Les générations existantes ne sauraient être liées par les préjugés, les fantaisies des générations *défuntes*. La prétention qu'un testateur avait conçue de se survivre à lui-même (1) cède aux exigences de la prospérité sociale. — Un musulman consacre une fortune considérable à nourrir des *chiens*, jusqu'à la fin des siècles ; les hommes qui

(1) « On dit encor : *je veux*, quand on n'est plus. » (Collin d'Harleville, *Vieux célibataire.*) — V. *Disc. posth. de Mirabeau.*

188. Le droit de prohiber l'exploitation par autrui implique le droit de l'autoriser, moyennant un *prix* d'autant plus élevé que les entrepreneurs, fermiers ou autres seront plus nombreux. Du reste, le maître qui fait valoir et l'entrepreneur qui paye un loyer sont également intéressés à vendre les fruits *le plus cher* possible (cas de disette). Il est vrai que, s'ils ne peuvent attendre, ils risquent de vendre à perte (cas d'abondance). Aussi les uns et les autres désirent la hausse des denrées, même par l'effet de la disette; les uns et les autres craignent la baisse, même par l'effet de l'abondance. (Privilège de *spéculation* sur les *fruits.)* — Quelques-uns achètent (comme Louis XV) pour produire la disette. (Privilège d'*accaparement.)*

189. La Spéculation a pour objet la chose elle-même, quand le maître est devenu tel sans payer de prix, comme le premier possesseur d'un terrain inoccupé (V. cep. C. civ., 713), le concessionnaire d'une mine, d'un office vénal, nouvellement créé... Il peut se faire payer, en cédant le droit d'exploitation, vingt à trente années de revenus *futurs*, qui peut-être ne se réaliseront point.

L'acheteur d'une mine, d'un office, d'un fonds de commerce..., les revend plus cher après une

lui survivent feront bien de violer sa volonté dernière et d'employer son argent à nourrir des *hommes*. — Un millionnaire, contemporain de Chappe, ordonne que son capital servira pour la construction de télégraphes *aériens*. Après la découverte du télégraphe *électrique*, sa disposition n'a plus de sens.

188. L'associé qui accomplit le travail obligatoire a droit à une récompense proportionnelle qui consiste dans la jouissance d'une somme d'utilité, aussi considérable que celle dont jouissent les autres associés. Il obtient cette somme, quelle que soit la disette ou l'abondance. Aussi n'est-il affecté de l'une ou de l'autre qu'à raison de la diminution ou de l'augmentation de bien-être général qui en résulte. — La Spéculation est un *jeu*. Or le jeu, permis dans de justes bornes, comme récréation, devient illicite, quand il tend à supprimer le travail utile. V. n° 178. — D'un autre côté, il n'est pas permis de s'adjuger une portion de la récompense due au travail d'autrui. — Enfin, la Société ne veut pas être affamée par quelques-uns de ses membres. Elle requiert, au besoin, la production du Nécessaire.

189. Le travail d'exploitation mérite une récompense à celui qui l'exécute; mais à lui seul. Cesse-t-il d'exploiter? la rémunération cesse pour lui et passe au nouveau travailleur. Du reste, s'il est valide, il doit exécuter un travail différent, méritant une récompense différente. Est-il infirme; il invoque la protection sociale.

Un travail nouveau, plus méritoire que le travail précédent, obtient une récompense plus grande; mais cette rémunération supplémentaire ne peut s'accroître par la supposition que le travailleur *subséquent* va trouver une occasion de créer plus d'utilité qu'on n'en créait auparavant.

ou plusieurs années productives. Il augmente son capital avec le travail *futur* d'*autrui*.

190. C. Privilège *indirect* d'*inégalité* ou de *supériorité* sociale. Les biens-fonds et les capitaux sont encore très inégalement répartis au XIXe siècle. La langue française reconnaît trois degrés principaux sous ce rapport : Richesse, Médiocrité, Pauvreté. Ces trois états se subdivisent en une foule d'intermédiaires. Le premier et même le deuxième comportent des privilèges ou plutôt des avantages qui résultent indirectement de la fortune, n°s 191-95 ; mais dont l'origine s'explique d'une façon naturelle et plausible, n°s 196 à 202.

191. Privilège du *développement moral et intellectuel*. Dans une communauté fortuite, l'individu *décide* seul s'il a besoin d'éducation ; il reste seul *chargé* d'y pourvoir. Forcé de travailler pour vivre, il demeure ignorant. La mère retire sa fille de l'école gratuite aussitôt que les exigences religieuses sont satisfaites ; le père retire son fils dès qu'il peut l'occuper. Les individus aisés se procurent une éducation vulgaire ; les riches seuls, s'ils peuvent réprimer les passions vicieuses, obtiennent le développement complet de leur intelligence.

192. Les hommes instruits peuvent seuls goûter certaines jouissances morales, nécessaires au bonheur complet. Seuls, ils possèdent

190. C. *Égalité sociale*, sauf les inégalités peu sensibles qui résultent exceptionnellement de la diversité des récompenses dues au mérite.

L'inégalité de fortune est peu de chose par elle-même ; malheureusement, elle entraîne, par voie de conséquence, un privilège de développement moral et intellectuel qui lui sert de fausse justification et implique le monopole des fonctions publiques et honneurs. Elle entraîne, en outre, un privilège de dispense indirecte pour tous les devoirs susceptibles d'être accomplis par un tiers *salarié*, comme les travaux dangereux ou répugnants, auxquels un homme aisé substitue un travail libéral, la spéculation ou même l'oisiveté complète.

Parcourons ces divers privilèges. Puis nous rechercherons l'origine de l'inégalité existante aujourd'hui.

191. *Éducation universelle.* Dans une société véritable, tous les associés collaborent. Dès qu'ils possèdent le Nécessaire matériel, ils prennent soin d'acquérir le Nécessaire *intellectuel.* Tous reçoivent l'éducation générale, puis, après vérification, une éducation spéciale, adaptée aux diverses aptitudes : le musicien développe ses dispositions naturelles pour la musique... ; mais tous reçoivent l'instruction dont ils ont besoin pour accomplir les travaux *obligatoires*, par exemple : pour veiller à la défense du pays, en cas d'envahissement.

Nul n'a droit *a priori* d'obtenir un développement intellectuel plus étendu que celui de ses associés.

192. L'association a pour but le bonheur de tous : but impossible à atteindre sans une certaine dose d'instruction. Les travaux quelconques, ceux des ma-

les connaissances voulues pour l'exercice des fonctions publiques, pour l'obtention des honneurs dont elles finissent par être accompagnées. (Monopole des avantages de l'*instruction*, des *honneurs* et des *fonctions* publiques.)

[Quand l'État commet la faute de permettre la *vénalité* des offices ou charges, il les réserve aux hommes assez riches, par eux ou par leurs femmes, pour compter le prix d'achat.]

193. *Dispense des devoirs.* Un privilège non moins fâcheux et plus choquant peut-être consiste dans la dispense des devoirs que le législateur impose, d'une manière générale, mais dont il tolère, en termes exprès ou d'une manière implicite, l'accomplissement par mandataire.

L'homme qui trouve dans le revenu de sa chose, par exemple dans les fruits de son fonds, dans les intérêts de son capital, un moyen suffisant de subsistance, est libre de s'abstenir de toute espèce de travail. Il fait produire tout ce dont il a besoin par d'autres individus forcés de travailler pour vivre. (Privilège d'*oisiveté* absolue.)

194. L'iniquité est à son plus haut degré quand le travail dont l'individu se dispense est *dangereux*, *répugnant* ou *pénible* à un degré particulier.

Quelques-uns (Thiers, Dupin...) ont soutenu qu'on a droit de se faire remplacer à prix d'argent, quand il s'agit de défendre le territoire national contre une invasion.

gistrats ou fonctionnaires en particulier, ne sauraient être exécutés convenablement sans les connaissances corrélatives. L'Etat est intéressé, autant que les individus, à ce que les talents, le génie naturels trouvent l'occasion de se révéler et les moyens de se développer. Il ne se borne pas à écrire dans une charte (a. 3) que tous les Français sont *admissibles* aux emplois. — Il ne souffre jamais que les *magistratures*, même secondaires, soient considérées comme des *propriétés*, dévolues par le titulaire actuel (1) à qui bon lui semble, c'est-à-dire à qui paye le plus cher.

193. Détermination *rationnelle* des devoirs. La morale ou plutôt la *déontologie* ne tient aucun compte des avantages provenant du hasard ou même d'un mérite antérieur, qui a dû obtenir sa récompense et *n*'a dû obtenir *que* sa récompense. Quand l'accomplissement d'un devoir doit être continu, on ne saurait s'en dispenser aujourd'hui sous prétexte qu'on l'a rempli hier; encore moins sous prétexte qu'une circonstance fortuite en a dispensé jusqu'à ce jour.

On se rappelle que le maximum de l'Utilité est impossible à obtenir autrement que par le maximum d'efforts producteurs. Donc, *tous* les associés *doivent le Travail*. [Ils ont *droit* en même temps au maximum de *jouissances* compatibles avec le dernier état de la science.]

194. Cette règle est d'autant plus équitable que la charge est plus lourde. — Voudriez-vous risquer votre vie au profit d'un égoïste, décidé formellement à préserver la sienne, dans l'hypothèse où vous seriez vous-même en péril?

L'assistance est réciproque : aidez-vous les *uns* les *autres*.

On procède par *réquisition*, si le dévouement des individus, propriétaires ou autres, ne suffit pas.

195. La culture de l'intelligence permet de choisir un travail *agréable,* un de ceux que les anciens qualifiaient de libéraux. On les exécute sans craindre le péril, sans souffrir d'humiliation... — On les abandonne à son gré. (Privilège du travail *libéral.)*

Je range parmi les travaux libéraux la Spéculation, travail inutile, n° 178; les fonctions publiques, n° 192.

196. *Origine* plausible de l'inégalité. Quels que soient les inconvénients qu'entraîne la distribution inégale des biens, il faut l'accepter comme dérivant de la *nature* immuable des choses.

Selon les poètes, n° 197, selon les théologiens, selon les jurisconsultes qui s'appuient sur la théologie, n° 207, c'est l'œuvre d'une puissance surnaturelle.

197. Tous les hommes sont dissemblables, et partant inégaux. Les uns sont aveugles, d'autres borgnes; d'autres malingres, infirmes... Inégaux en *talent,* en ardeur pour le travail, ils le sont encore en *économie.* Les uns produisent beaucoup, les autres peu; les uns consomment peu, les autres beaucoup.

Les hommes intelligents, laborieux, économes..., sont devenus riches; — les hommes

195. La Société, dès qu'elle possède le Nécessaire matériel, s'occupe de moraliser, d'éclairer *tous* ses membres : son intérêt est de prévenir les crimes, les délits, et jusqu'aux moindres fautes. — Elle les encourage *tous* à cultiver les arts, les lettres, les sciences..., comme *récréation*. Elle concède le droit d'en faire une profession exclusive à ceux qui *prouvent* leur aptitude *spéciale*, par une vérification publique à laquelle tous sont admissibles. [Concours du Conservatoire, École polytechnique...]

196. Origine *violente* de l'inégalité *actuelle*. L'inégale répartition de l'Utilité naturelle ou artificielle entre les hommes n'est pas plus un phénomène nécessaire que leur agrégation sans intervention de la science.

Il n'était point nécessaire que les peuples commençassent par s'entr'égorger (*usque ad internecionem*, Deuter., etc.), puis par s'asservir les uns les autres. Il n'était point nécessaire qu'ils maintinssent la répartition établie par la Guerre avec l'Esclavage.

Ce qui est *inévitable*, c'est le *Travail*, créateur de l'Utilité artificielle : en effet, quoi qu'en aient dit des écrivains plus versés dans la théologie que dans l'économie politique, l'utilité naturelle est insuffisante, n° 32. Mais on pouvait éviter la condamnation des *uns* au *travail*, avec *rémunération* des *autres*. Aussi cet étrange résultat pourra être modifié.

197. L'inégalité des hommes, pris en *détail*, est évidente ; — pris en *masse*, on reconnaît leur égalité élémentaire. Tous ont un *cerveau* et un appareil *digestif*; les plus vils esclaves ont de l'intelligence ; les plus grands génies, les plus grands monarques sont soumis aux infirmités triviales. La *physiologie* ne distingue point des nobles, des roturiers, des manants : tous ont un cœur, des muscles et des nerfs. — Il y a une taille *moyenne*, une force moyenne... qui est la même pour le *grand nombre*.

inintelligents, paresseux, prodigues..., sont devenus pauvres.

Jupin (?), pour chaque état, mit deux tables au monde :
L'*adroit*, le *vigilant* et le *fort*, sont assis
A la première, et les petits (?)
Mangent leur reste à la seconde.

LA FONTAINE, X, VII.

[La Société est « un assemblage d'oppresseurs et d'opprimés où » quelques hommes riches, oisifs et voluptueux font leur bonheur » aux dépens d'une multitude. » MARÉCHAL DE SAXE, Œuvres.]

198. L'Inégalité s'est établie en quelque sorte d'elle-même, par le *développement historique* de l'humanité. Il faut donc l'accepter ou la subir comme tous les phénomènes naturels dont la cause est plus ou moins mal connue.

Plus clairement : les hommes, stimulés par le besoin, ont exécuté un travail spontané pour utiliser les choses; ils ont cultivé le sol, creusé des puits, bâti des maisons, fabriqué des meubles... C'est ainsi que se sont formées les pro-

Qu'importe, au surplus? Traitons-nous une question d'histoire naturelle? Non, mais une question d'économie politique. Cette stipulation fondamentale de toute association libre : « Promettez-vous de travailler pour moi? Je promets de travailler pour vous, » se modifiera-t-elle si les contractants sont inégaux en taille, en force, en santé...? Non, en principe; et, s'il y a des exceptions, elles se réduiront à des différences de détail : le stipulant robuste exigera moins qu'il ne donnera... Mais la vigueur est-elle un *mérite?* la faiblesse est-elle un *vice?* Il suffit que le contractant débile fasse ce qu'il *peut;* s'il a, cas fréquent, une aptitude distincte, il l'offre en échange :

« Je marcherai pour vous; vous y verrez pour moi. »

Le mérite ne légitime pas l'injustice. Je ne veux pas être l'esclave ni même le valet de Raphaël ou de Mozart : je me contente d'admirer leurs œuvres.

Si le mérite et la sagesse agissaient comme causes naturelles, les représentants de Socrate et d'Archimède seraient riches. Tous les riches d'à présent seraient les *termes extrêmes* d'une série de travailleurs économes; les indigents seraient les termes extrêmes d'une suite de prodigues paresseux. On va voir que le contraire est plus probable.

198. L'histoire prouve que, dès les temps les plus reculés, la GUERRE a constamment agi sur la condition des hommes. Les vainqueurs, c'est-à-dire les chefs d'armée et leurs adhérents, se sont adjugé la propriété de la plus grande partie de l'Utilité existante. Ils ont occupé le *sol* pour eux et pour leurs partisans; ils ont forcé les ESCLAVES (qu'ils égorgeaient d'abord, Instit., III, § 3), c'est-à-dire les huit ou *neuf dixièmes* de la population (Hello), de travailler pour produire toute l'utilité artificielle dont on avait besoin (y compris la maigre nourriture des esclaves). [Ce résultat paraît

priétés, c'est-à-dire les *choses* appropriées par le travail à l'usage de l'homme. Cette formation (1) s'est opérée inégalement, par cela même qu'il en est résulté l'appropriation du sol *avant* la fabrication des meubles ; après quoi, les travaux les plus recherchés ont été les *mieux* payés.

L'histoire atteste, il est vrai, d'innombrables violations de propriété, telles que les *confiscations* pratiquées contre les hérétiques, les Juifs, les Maures, les protestants, etc., etc. Mais ces actes illégaux n'ont produit qu'un *déplacement* d'inégalité ; la plupart sont couverts par la prescription, c'est-à-dire par l'impossibilité de prouver aujourd'hui quels individus ont été lésés dans l'origine, et qui les représente maintenant.

[La Bruyère (ch. XI, *De l'Homme*) : « L'on voit certains animaux farouches... brûlés du soleil, attachés à la terre qu'ils fouillent et qu'ils remuent avec une opiniâtreté invincible... Ils se retirent la nuit dans des tanières, où ils vivent de pain noir, d'eau et de racines ; ils épargnent aux autres hommes la peine de semer, de labourer et de recueillir pour vivre, et méritent ainsi de ne pas manquer de ce pain qu'ils ont semé.] » (2).

(1) Elle est très bien décrite par Ch. Comte (gendre de Say). Mais l'influence de la *guerre* et de la *conquête* lui a complètement échappé. S'il parle de l'esclavage, c'est pour en conclure que les hommes ne sont pas des propriétés. Il n'a pas vu qu'il en résulte une majorité *privée de propriétés*.

(2) Cette magnifique description, que j'abrège, se réfère au temps de Louis *le Grand*, au « siècle *heureux* de Louis. »

d'abord invraisemblable; mais on n'oubliera pas combien la supériorité d'*armes* et de *lumières* compense l'infériorité du nombre; on *abrutit* les ilotes, on favorise certains serviteurs plus intelligents pour contenir les autres, de même qu'on se sert d'éléphants *apprivoisés* pour dompter les éléphants *sauvages*.]

A la longue (de Constantin à Louis IX), les SERFS, attachés à la glèbe, ont remplacé les esclaves. Les terres, les capitaux mobiliers ont continué d'appartenir aux seigneurs ou successeurs des maîtres, ainsi que l'utilité artificielle produite chaque jour par les serfs, sauf une portion un peu plus forte.

Plus tard, les paysans, les domestiques (valets, laquais...), les ouvriers de toute catégorie... ont remplacé les serfs. [Voltaire a écrit pour les serfs des moines du Jura.] Les fonds et les meubles ont continué d'appartenir aux nobles, aux roturiers, qui ont remplacé les seigneurs; ainsi que l'utilité artificielle produite par les travailleurs libres, sauf une portion restreinte par la concurrence. — La filiation féodale des propriétés foncières et des fortunes excessives apparaît avec son plus haut degré de clarté dans ces descendants de races princières dont l'histoire conserve l'arbre généalogique; aucun d'eux, aucun de leurs ancêtres connus n'a exécuté de travail agricole ou industriel.

En un mot, la Guerre, en fondant la Servitude, a scindé l'espèce humaine en deux classes, dont l'une était propriétaire et l'autre n'avait que peu ou point de propriétés. La différence s'est beaucoup amoindrie; mais la distinction, en vertu de la transmission héréditaire, n° 205, s'est perpétuée jusqu'à nous.

C'est faute d'avoir observé cette *filiation* manifeste que tous les économistes, à ma connaissance, ont attribué l'Inégalité à des causes naturelles mystérieuses, ou ont tenté de l'expliquer comme une sanction pénale qui atteint dans les générations existantes la paresse et la prodigalité des générations antérieures.

199. L'Inégalité a ses avantages : elle fait naître la bienfesance. [Argument d'atténuation.] Thiers, etc.

200. Le mal, quelle qu'en soit la cause, est irrémédiable aujourd'hui (1). On ne refait pas la nature.

L'inégalité, dit Adolphe Blanqui, est *inhérente* à la civilisation.

Il n'y a jamais eu de contrat social; il n'y en aura jamais de sérieux. Une sorte d'antinomie naturelle a combiné chez l'homme, avec une certaine tendance vers l'association, un besoin plus énergique peut-être de liberté individuelle.

Donc, l'égalité est à jamais impossible.

(1) Remarquez combien il est différent : de soutenir qu'un état de choses est *équitable* et de soutenir qu'il est *impossible* de le changer; — d'affirmer qu'une réforme est *inique* ou d'affirmer qu'elle est *impraticable;* — de prouver qu'elle est physiquement *inexécutable,* et de prouver qu'elle imposerait des *sacrifices* à ses adversaires.

199. La *bienfesance* produit un plaisir moral très vif, même quand elle est accompagnée d'une arrière-pensée, d'un espoir de réciprocité, au moins éventuelle. Exercée avec délicatesse, elle inspire un sentiment de gratitude. Mais elle est accidentelle, tardive, insuffisante. L'aumône vulgaire humilie, quand elle n'expose pas à des peines (C. pén., 274-75).

L'assistance mutuelle des associés, éclairée par l'éducation, est préférable. Le plaisir, avec moins de vivacité, est *continu* et *réciproque*.

200. On attend de la Nature elle-même la modification des phénomènes naturels, par exemple : la lente amélioration des races. Il en est autrement des phénomènes *sociaux*, qui dépendent de *volontés* établies sur des *idées*. La science est perfectible : elle s'accroît sans cesse de vérités nouvelles et se débarrasse d'erreurs antiques. Quand les idées fausses sont rectifiées, c'est-à-dire remplacées par des idées justes, la volonté change.

Un législateur, un peuple, un gouvernement..., croyaient qu'il convient d'attribuer aux riches le droit de ne rien faire et de maintenir dans l'ignorance ceux qui travaillent pour eux. Éclairés par la réflexion, ils découvrent que la Société est intéressée à l'accroissement indéfini du Capital et à la moralisation de *tous* ses membres ; ils décrètent que désormais tous les citoyens travailleront et que tous recevront l'éducation convenable. En quoi cette réforme est-elle impossible ? La meilleure preuve qu'une amélioration est prati*cable*, c'est que plusieurs ont été déjà prati*quées*. Méditez le tableau suivant, où je présente, par ordre chronologique, ce que j'appellerais les diverses périodes sociales :

Guerres d'extermination, avec / puis sans } anthropophagie.
Asservissement des neuf dixièmes.
Esclavage.
Servage.
Travail libre, avec / puis sans } mauvais traitements.

201. Si la réforme n'est pas physiquement impraticable, elle l'est moralement. On ne saurait dépouiller les privilégiés prétendus : on leur ferait plus de mal qu'on ne ferait de bien aux autres. Ils sont d'ailleurs innocents de faits accomplis bien longtemps avant eux.

Le partage est à peu près impossible; certaines choses indivisibles sont moins nombreuses que les copartageants; d'ailleurs, comment faire l'estimation? comment régler les lots?

En supposant le partage possible, une nouvelle *in*égalité surgirait bientôt; il faudrait partager de nouveau.

Ceux qui se plaignent veulent tout simplement être mis à la place de leurs adversaires. Mais une substitution de personnes n'est pas une amélioration. Soient 10 millionnaires sur 100,000 personnes; vous donnez les 10 millions aux 10 plus pauvres; où est le progrès? Mieux vaut ne pas troubler un état de choses antique.

202. L'histoire prouve que les révolutions causent des maux effroyables : décapitations, déportations, confiscations..., n° 198, en échange de biens douteux. Le mieux est l'ennemi du bien. Laissons agir la Nature, n° 200.

Qui oserait dire que cette progression s'arrêtera? Elle atteste une force de perfectionnement invincible. N'a-t-il pas fallu plus de peine pour supprimer l'esclavage qu'il n'en faudra pour établir une *association raisonnée*, — depuis la découverte de l'imprimerie?

201. Le véritable obstacle à une réforme sociale est, après l'ignorance, l'*égoïsme*. Ceux qui ont des privilèges résistent aveuglément au progrès, parce qu'il est ou semble contraire à leur intérêt matériel immédiat. Il est certain qu'ils souffrent de la réforme qui leur ôte leurs avantages. Donc, ils ont droit à une *indemnité;* la plus naturelle consiste à leur laisser la jouissance temporaire de leurs avantages, par exemple leur vie durant. — Nul ne répond d'évènements accomplis avant qu'il ait atteint l'âge de raison. Il est même irréprochable tant qu'il les *ignore*. Il cesse de l'être quand il les connait, si la preuve de l'injustice est fournie, s'il persiste à la maintenir indéfiniment.

L'égoïsme agit à sa manière sur les non-privilégiés. Mais la Société ne saurait accepter un simple *déplacement de privilège*. Qu'importe qu'une injustice profite à Secundus au lieu de profiter à Primus? Les associés nouveaux ne peuvent prétendre qu'à la récompense qu'ils auraient obtenue *si* l'association rationnelle avait été *admise*. En outre, le progrès doit se réaliser au profit de *tous* également; les impatients, les irritables..., n'ont pas droit à un tour de faveur. Donc, les hommes forcés de travailler pour vivre ne doivent point s'attendre à devenir millionnaires, ni même à être dispensés de tout travail par une réforme sociale quelconque.

202. L'ignorance est la source des guerres civiles. L'*art des réformes* est une théorie nouvelle, mieux connue de Bentham que de Montesquieu.

Point de violence, même pour réaliser un progrès. Il faut convaincre, non contraindre. Vous voulez faire

[Une réforme est difficile quand on la fait peser sur la génération *existante;* elle devient aisée, si on la reporte sur la génération future. Le privilégié se plaint, avec quelque raison, de la privation qu'on veut *lui* infliger; il ne mérite aucun intérêt, quand il revendique les droits prétendus de *descendants* qu'il n'a pas encore vus, à plus forte raison de ceux qu'il ne verra jamais.]

203. D. *Appropriation de la terre ferme.* La Propriété, et par suite le monopole d'exploitation, s'applique à toutes les choses susceptibles de *possession exclusive.* [Ceci laisse seulement de côté l'Océan, l'atmosphère, les substances impondérables, la lumière, la chaleur...]

Elle s'applique au SOL, puisqu'il peut être occupé par l'individu. Bien mieux, un propriétaire géomètre, sachant que le DESSOUS lui appartient (C. civ., 552), reconnaîtra dans son fonds un solide allongé, de forme pyramidale,

le bien, ne faites pas la guerre civile, qui est un mal. Évitez, par la même raison, de froisser les intérêts, légitimes jusqu'à ce jour, et ne craignez pas de réparer les pertes transitoires qu'occasionne la réforme. Faites appel au bon sens, aux bons sentiments des hommes favorisés du sort. Corrigez peu à peu : le droit de mutation, exercé en nature, surtout pour le sol, la restriction des droits héréditaires, l'impôt progressif, les fonctions gratuites..., ménagent la *transition* de l'*inégalité* à l'égalité.

Voici un précepte applicable sur-le-champ : *ne renouvelez pas* les abus avoués. Vous reconnaissez que la vénalité des offices est vicieuse, et vous déclarez *vénales* les charges que vous créez ! Vous remettez dans le commerce celles qui font retour à l'État ! On peut, en laissant jouir les titulaires actuels de *bourses*, de *bureaux de tabac*..., n'en plus concéder dès aujourd'hui. — Êtes-vous de ceux qui confessent les inconvénients de l'individualisme, mais se retranchent derrière la difficulté d'une réforme? Abstenez-vous du moins de *revendre* aux individus, en pleine propriété, les immeubles, les meubles durables dévolus à l'État (C. civ., 539, 713, 768).

203. D. Le *Globe* n'est *à personne*. La Propriété s'applique à toutes les choses susceptibles de servir à la satisfaction de nos besoins, n° 170, mais dans les limites de cette satisfaction. Chacun a besoin d'*aliments* qu'il tire de la *terre* directement ou indirectement (elle nourrit les animaux); chacun a besoin d'un logement construit sur la *terre*... Mais a-t-il besoin d'avoir la disposition, la suzeraineté du terrain d'où proviennent ses aliments, de la maison qu'il habite? Plus généralement, un individu peut-il exclure les autres du *sol?* peut-il leur interdire toute habitation, toute alimentation provenant de ce sol? Un raisonnement par l'absurde démontre que cela est inadmissible, au

dont le sommet touche au *centre* du globe et dont la base occupe une fraction de la *surface* sublunaire. Peut-être prolongera-t-il les rayons terrestres de manière à *englober* les astres dans le DESSUS de son immeuble (C. civ., 552).

[On laisse à la foule qui n'a pas de propriété foncière l'usage des fleuves, des routes et rues, C. civ., 538; Instit. : *usibus populi destinata*. Le contrat de location lui permet d'acheter son *habitation* par un loyer périodique (c'est-à-dire par son *travail*), C. civ., 1709. — En sens inverse, le contrat de location permet aux propriétaires fonciers, non agriculteurs, d'acquérir, par un sacrifice périodique de jouissance, le *travail* qui fera valoir leur fonds. Le contrat de sous-location ou de louage d'ouvrage (C. civ., 1710, 1717) permet à un entrepreneur (hôtelier, fermier...) d'acheter l'habitation ou le travail agricole à prix fixe, ce qui lui ménage un bénéfice sans limites.]

Germain Garnier (note 32 sur Smith) : « Les » propriétaires étant les maîtres du territoire, » c'est à eux seuls qu'il appartient de régler les » conditions sous lesquelles ils consentent qu'on » y réside. »

moins d'une manière absolue. Supposons qu'un milliard d'hommes existent sur le Globe; que cent millions disposent en maîtres de la SURFACE *de la* TERRE ; quel sera le sort des *neuf cents* autres *millions?* Iront-ils se jeter dans l'Océan? Les maîtres se contenteront sans doute de les condamner au Travail en leur place. Un résultat semblable, possible par la *conquête* suivie de *servitude*, n° 198, est impossible dans une communauté pacifiquement établie; à plus forte raison, dans une Société conforme à l'état actuel de la science. Tous les hommes sont organisés de manière à ne pouvoir *vivre* que sur le Globe; tous ont droit d'y habiter et de s'y nourrir.

On conçoit que, les terrains étant encore vacants, un agriculteur occupe de fait la portion qu'il *peut* cultiver avec ses enfants. Mais, s'il n'emploie pas la force, d'autres occuperont aussi ce qu'ils peuvent eux-mêmes cultiver avec leur famille...

Tous ces agriculteurs auront besoin de vêtements, de maisons, de jouissances morales et intellectuelles..., ou, en d'autres termes, de tailleurs, d'architectes, de savants... S'ils ne peuvent dominer par la violence les producteurs d'utilité *non* agricole, ils devront leur laisser en échange un lieu d'habitation, du vin, du blé...

Qu'un progrès scientifique détermine tous ces hommes à convertir leur communauté pacifique en société véritable, ils comprendront bientôt que leur subsistance, leur bien-être... ne sauraient être laissés à la discrétion des agriculteurs, encore moins des possesseurs oisifs que le *hasard* favorise. La Société refuse à l'individu inactif la faculté de supprimer la culture ou de vendre la faculté de cultiver à un agriculteur non propriétaire; elle refuse à l'individu laborieux la faculté de planter des végétaux nuisibles ou inutiles, de détruire les récoltes utiles qu'il ne con-

204. Appliquée au sol, la Propriété (avec monopole d'exploitation) s'étend par là même aux minéraux enfouis dans les profondeurs de la terre (C. civ., 552), aux végétaux qui se nourrissent de ses sucs; peut-être aussi (Cujas contre Pothier) aux animaux qui errent en liberté; le maître du sol peut du moins empêcher le chasseur d'entrer chez lui. (Institut. II, § 12.)

La Propriété s'applique à tous les Capitaux, à plus forte raison, puisqu'ils supposent l'accomplissement d'un travail, n° 211.

205. E. Propriété *illimitée* (en somme), *perpétuelle, transmissible* et, partant, *héréditaire*. Tout homme désire accroître et faire durer indéfiniment sa fortune; satisfaire, en la cédant, son amour du gain ou sa libéralité; en faire profiter ses enfants, ses parents, ses amis..., devenus

somme pas, de les faire payer un prix exorbitant... (1).

Le travail agricole donne droit à récompense, mais sur le même pied que les autres travaux, nº 288.

204. Les principes établis au sujet du Globe ou plutôt de la terre ferme s'appliquent aux autres *Forces Naturelles*, ou matières premières, *stricto sensu*. Quelle différence y a-t-il, en effet, sous ce rapport, entre le sol et les substances minérales, végétales, animales, qu'il renferme ou qu'il nourrit, si ce n'est la grandeur du volume? S'il est déraisonnable de tolérer qu'un seigneur *féodal* s'approprie la surface du globe, il n'est guère moins imprudent de lui adjuger les mines de houille, de cuivre, de fer..., les forêts, les maisons, les vignobles..., les races ovines, bovines, chevalines.

Le raisonnement est pareil pour les Capitaux ou Forces Naturelles dont l'utilité s'est accrue par un travail, fonds bâtis, défrichés ou ensemencés, vêtements, livres, tableaux... Seulement, il faut réserver sa récompense à l'auteur du travail. Mais, quand il a obtenu cette récompense, pourquoi voudrait-il l'accroître au détriment de ses associés, supposés aussi laborieux que lui? Pourquoi lui serait-il permis d'accaparer l'Utilité dont ils ont besoin de leur côté et qu'ils ont méritée par leurs efforts? Aspire-t-on à gagner par son labeur du blé pour le jeter au feu, des vêtements pour les souiller, des livres pour les déchirer? L'homme sensé demande simplement la satisfaction de ses désirs légitimes, et non le pouvoir d'empêcher la satisfaction des désirs légitimes d'autrui.

205. E. *Accroissement indéf.*, en *somme* et en *durée*, du Capital *social*. La Collection des individus est animée du même désir que les individus : elle aspire au maximum de l'Utilité; elle veut que l'Utilité dure le

(1) Grotius et autres (v. Portalis) avaient peut-être instinctivement une idée analogue quand ils réservaient le domaine *éminent* du *souverain*.

ses légataires, ses héritiers ab intestat. Il est d'autant plus sage de contenter ce désir qu'on excite ainsi le Propriétaire à produire ou à souffrir la production d'autrui; par là, le monopole d'exploitation tourne au profit de l'intérêt général.

« Mes arrière-neveux me devront cet ombrage. »

La Fontaine, XI, viii.

Celui qui plante un chêne sait que l'utilité de l'arbre ne se réalisera peut-être qu'après trois siècles (Hello).

206. F. *Enrichissement subit* sans travail. Le défaut de limites, combiné avec l'hérédité et la spéculation, permet à l'inférieur l'acquisition soudaine de la supériorité.

I. *Succession*. Un collatéral au douzième degré (C. civ., 755), un captateur de testament (relisez Horace, II, 5), obligé de travailler pour vivre, succède à un millionnaire qu'il haïssait, qu'il n'avait peut-être jamais vu. Il acquiert tout d'un coup, sans travail, tous les privilèges qu'il n'avait pas et dont il usera peut-être plus durement qu'un homme accoutumé aux richesses. L'héritier d'un peintre, d'un poète... s'enrichit en vertu du mérite du défunt.

plus longtemps possible; enfin la génération des hommes parvenus à maturité travaille aussi pour la *génération naissante*, pour la série des générations futures.

Faute d'avoir fait cette observation, des socialistes ont combattu les trois modifications dont il s'agit, et surtout l'*hérédité*. C'est qu'ils se plaçaient au vulgaire point de vue des privilèges de la Propriété individuelle, privilèges que n'aperçoivent pas les défenseurs de la perpétuité et du droit de succession, ou plutôt qu'ils laissent de côté. En effet, la destruction capricieuse, la jouissance exclusive de l'existence sans travail pénible, du développement moral, des honneurs et des emplois, tolérable quand elle est *transitoire*, s'aggrave par la perspective d'une durée et d'un accroissement indéfinis. Si la génération *nouvelle tout entière* participe aux bénéfices, en supportant tout entière les *charges*, le progrès est accompli. L'*égalité* est *héréditaire* et perpétuelle sans inconvénient; l'*iné*galité sans limites, rendue héréditaire à toujours, devient *éternelle*.

206. F. Enrichissement *collectif*. L'immense production d'utilité qui dérive de la collaboration générale profite à la Société, c'est-à-dire à tous les individus. Cette rémunération simultanée, transmissible simultanément, exclut ces *déplacements* soudains de fortune privée qui n'augmentent pas d'un centime la fortune publique et favorisent souvent des oisifs ou des indignes. Le hasard n'est pas l'équité. Quel mérite y a-t-il à être parent d'un défunt (1)? à posséder un bon numéro? [Les lois sur la propriété littéraire, *scientifique*, ou plutôt *intellectuelle*, sont plus modernes, et partant

(1) On a vu les représentants d'un amateur tirer un demi-million d'un tableau que cet amateur avait acquis pour rien ou presque rien, alors que le peintre avait été fort mal payé, dans l'origine.

[Le droit prétorien était moins favorable aux collatéraux que le Code civil : il ne les appelait que jusqu'au *sixième* (!) degré; Inst., § 5, *De succ. cognat.*]

II. *Spéculation.* Un coup de dé produit parfois l'*appauvrissement* subit du perdant au profit du gagnant. — Une guerre imprévue enrichit les baissiers; la paix prématurée enrichit les haussiers, en dépit du Code pénal (art. 421-22, inexécutés). — Une ville, pour séduire les capitalistes, promet des lots de 100,000 fr.; le sort désigne un créancier qui avait prêté 100 fr. — L'accapareur de denrées fait fortune par la famine.

3° Démonstrations : occupation, partage, loi, métaphysique, stimulant au travail...

207. Les auteurs qui ont voulu démontrer que la distribution effective des richesses est rationnelle sont loin de s'accorder sur la véritable preuve. Il est difficile d'énumérer tous les systèmes; voyons les principaux :

I. *Occupation.* Les jurisconsultes romains et la plupart des modernes ont pris pour point de départ une idée incontestable : pour jouir d'une chose [sauf à la travailler], il faut en prendre

moins arriérées que les autres; la plus récente (1866) rétrograde : elle fait durer la propriété *cinquante* ans après la mort de l'auteur; en 1793, *dix* ans.]

On tolère, à titre de transaction ou de transition, l'iniquité existante, mais non l'iniquité commise à nouveau. Un fils arrivé à l'âge de raison, jouissant de la fortune paternelle, a conçu l'attente raisonnable de la conserver après la mort de son père. Un frère, un neveu, un ami..., sont parfois dans le même cas. Mais la concession des privilèges est vicieuse quand elle tombe inopinément sur celui qui *se savait* soumis au principe de l'égalité sociale.

L'enrichissement subit sans travail doit donc être restreint dès à présent, surtout s'il concourt avec l'appauvrissement d'autrui, comme dans le jeu, dans la spéculation privée (plus dangereuse encore, parce que le gagnant ne connaît pas le perdant), dans l'accaparement des denrées. L'État ne doit pas offrir d'appât à la cupidité privée, fût-ce par besoin d'argent; la moralité est plus précieuse que l'amélioration matérielle. L'imagination, échauffée par l'espoir d'un gain disproportionné, détourne du travail physique, moral et intellectuel.

3° Propriété rémunératoire du Travail en société.

207. Considérée comme droit de satisfaire les désirs légitimes, la Propriété se justifie aisément : on ne brave la fatigue du Travail que pour obtenir cette satisfaction, c'est-à-dire la propriété des choses qui la procurent. Il reste à combiner le droit de l'individu avec le droit des *autres* individus.

L'occupation n'a de mérite que par le travail d'*appréhension* qui l'accompagne. Celle du gibier et du poisson est un travail véritable. Peut-être les jurisconsultes romains se sont-ils préoccupés, à leur insu, de la chasse et de la pêche, les deux principaux cas d'oc-

possession; donc, l'acquisition *originaire* s'est faite par occupation.

Selon Grotius et Pothier (*Propr.*, n° 21), « Dieu fit *donation* de la terre (Genèse, v. 28) au *genre humain;* » donation réitérée après le déluge (ch. IX). — J.-B. Say : Les instruments naturels... sont un *don* que le Créateur a fait au *premier occupant.* [Ce langage, peu ordinaire chez Say, révèle une *concession* aux idées communes, ou l'*embarras* du savant qui cherche la solution d'un problème.] V. nos 65 à 67.

L'argumentation tirée du défrichement rentre dans le cinquième système, n° 211.

208. II. *Partage, contrat,* consentement *unanime.* Selon Grotius et Pothier, un acte humain a suffi pour modifier la donation divine, n° 207. Les hommes, s'étant multipliés, « *partagèrent* entre eux la terre » et les choses autres que les choses communes (Océan...) ou *nullius* (animaux sauvages). Le partage s'est opéré, selon

cupation qui se présentent dans une société civilisée. Encore le chasseur est-il subordonné au propriétaire foncier, n° 204.

Le travail d'*appréhension*, appliqué au sol, est bien peu de chose, même accompagné d'un travail de *clôture*, auquel semble faire allusion la fameuse phrase de J.-J. Rousseau : « Le premier qui, ayant *enclos* un terrain, s'avisa de dire : Ceci est à moi... » On ne *féconde* pas un champ en mettant les pieds dessus (*pedum positio*, Paul), en l'entourant d'une palissade...

Le fait de l'Occupation primitive des Forces Naturelles durables, telles que le sol, se conçoit intuitivement; mais il est absolument *impossible* aux propriétaires actuels de dire : 1° *qui* occupa leur fonds *à l'origine*; 2° comment le domaine s'est *transmis* de lui jusqu'à eux. L'histoire prouve d'ailleurs que l'esclavage et la féodalité auraient interrompu cette transmission hypothétique.

Quant à la donation alléguée par les théologiens, si elle a été faite au *genre* humain, elle ne protège aucun *individu* plus que les autres.

L'Occupation appliquée aux idées, aux découvertes engendre une absurdité : le genre humain ne pourrait les utiliser sans la permission de l'auteur; il ne pourrait, par exemple (Ch. Comte), se chausser, malgré l'inventeur des souliers. Il suffit de *récompenser* les *auteurs* et de les protéger contre les plagiaires qui s'attribuent l'*honneur* de la découverte.

208. La notion d'un contrat adopté par *tous* les hommes suppose une *diffusion* de *lumières* qui ne s'est jamais réalisée, même aux époques illustrées par un concours de génies individuels. Les constitutions votées de nos jours, sans examen sérieux, par une quasi-universalité masculine, mal éclairée, sont peu explicites sur les questions d'économie politique.

Si l'*acte* de partage a jamais existé, il s'est sûrement

Boileau (XI, 168), sous le règne du *faux* Honneur; selon Bourdaloue, par suite de la *corruption* humaine. — La supposition d'un contrat social (J.-J.) ou d'un consentement *unanime* (!!) rentre à peu près dans la même explication.

209. III. *Loi, Droit positif, Usage.* Montesquieu (XXVI, 15) : « Le bien public est que chacun conserve *invariablement* (!) la propriété que lui *donnent* les *lois* civiles. » En cela, « c'est un paralogisme de dire que le bien particulier doit céder au bien public. » [Il se contredit sur-le-champ en accordant l'expropriation.]

Id: S. Augustin et Bossuet : Du Gouvernement est né le Droit. — Bentham (!) : « Elle est l'ouvrage de la loi. » — Lafont. (VII, 16) : « Jean Lapin allégua la *coutume* et l'*usage*... » [Le « bonhomme » n'a pas songé au *travail* nécessaire pour *creuser* un terrier.]

210. IV. *Idéologie.* Destutt-Tracy : L'idée de *personnalité* implique l'idée de Propriété; le *tien* et le *mien* résultent du *toi* et du *moi.* — Id., sauf un mot, Cousin : La *liberté* constitue la personne (?); violer la Propriété, ce serait porter atteinte à la personne elle-même (!!)... C'est l'homme qui *fait* la propriété. [Ceci rentre dans le cinquième système.]

perdu. Le *copartageant* primitif est ignoré; la filiation du propriétaire actuel, impossible à établir. D'ailleurs, le régime de la guerre, celui de l'esclavage, celui du servage ont interrompu la transmission imaginaire. Enfin, comment une génération humaine éteinte depuis longtemps a-t-elle pu lier la génération présente et les générations futures? comment l'ignorance relative engagerait-elle une science plus avancée?

209. Dire que la Propriété dérive des lois, c'est commettre une *pétition de principe*, car les bonnes lois dérivent elles-mêmes du *Droit philosophique.* Le Droit fait, avec la Morale, partie de la Déontologie, science fondée, comme toutes les autres, sur l'observation de la Nature et l'application du raisonnement aux faits dûment constatés; — science *perfectible*, malgré le préjugé contraire [Instit., II, § 2 : *naturalia jura immutabilia;* on a confondu la description des phénomènes avec les phénomènes; ce sont les mouvements des astres qui sont ou semblent immuables : l'astronomie se perfectionne constamment.] Les lois sont souvent arriérées, parce que les gouvernements, préoccupés de leur ambition, ne se tiennent pas au niveau de la science, si même ils ne luttent pas contre ses progrès.

210. La démonstration abstraite et peu accessible au vulgaire, qui rattache la Propriété à la personnalité ou, ce qui revient au même, à la liberté, est exacte au fond. Elle est *incomplète*, en ce qu'elle met en oubli les idées de société, d'égalité, de mérite et de récompense. Elle est, du reste, fort compatible avec ces idées : qu'on envisage *plusieurs* hommes, on reconnaîtra que *chacun* a *sa* personnalité et sa liberté, que doivent respecter tous les autres, *à charge de revanche.* Aussi cette démonstration métaphysique est-elle repoussée par les partisans (Batbie...) de l'*in*égalité.

211. V. La Propriété est le *stimulant* le plus énergique du travail. Donc, il est *utile* — quelques-uns (Batbie...) disent *nécessaire* — de l'instituer ou de la maintenir. [Sans doute par des *lois;* aussi le cinquième système n'est autre que le troisième, avec exposé de motifs; relisez la réponse du n° 209.]

Pour que cette démonstration soit complète, il faut ajouter que les privilèges (destruction abusive, monopole d'exploitation, de travail libéral, d'honneurs, d'instruction...) sont nécessaires ou du moins utiles pour exciter tous les hommes au travail.

J.-B. Say semble avoir appliqué le cinquième système aux fonds de terre, bien que la propriété foncière soit, de son aveu, la moins sacrée, ci-après, n° 213. Voici ses arguments :

Si les fonds n'étaient pas attribués à certains *individus,* ils resteraient *sans culture.*

Nul ne voudrait subir les *fatigues* du travail agricole.

211. V. La satisfaction des besoins est imposée par la *Nature*, laquelle ne donne que des moyens *insuffisants* (Forces Naturelles). Il faut travailler pour acquérir des moyens efficaces (Capitaux). Donc le travail a un stimulant *naturel*, c'est le BESOIN. Il est superflu de rechercher un stimulant artificiel, de décréter des mesures de *police* plus ou moins ingénieuses.

La vraie difficulté est dans les privilèges. Sont-ils nécessaires? Voyez l'état actuel : ceux qui possèdent une certaine valeur ne font *rien* (ou rien que d'agréable); ceux qui l'acquièrent *cessent* de travailler (1); les autres *continuent*. Donc l'attribution du privilège n'a pas la vertu qu'on lui prête, l'absence du privilège n'a pas le vice qu'on lui impute. — D'ailleurs, quels associés réclament le stimulant artificiel? ceux-là mêmes sur lesquels il n'a plus d'action. Il est vrai qu'ils restent soumis au stimulant *naturel*, ils ont faim ; mais, grâce à la possession du prétendu stimulant artificiel, dont ils sacrifient une faible portion, ils font satisfaire *leur* besoin par le travail d'*autrui*.

Les fonds de terre resteraient en friche faute d'*agriculteurs*, jamais faute d'hommes *inactifs*, jouissant du travail des agriculteurs. — On croirait, en lisant les anciens économistes, que les maçons deviennent propriétaires des bâtiments, que les laboureurs deviennent propriétaires des fonds de terre... En fait, les maisons se bâtissent, les fonds se cultivent... mais ce ne sont presque jamais les propriétaires qui cultivent ou bâtissent...

Si nul ne travaillait, tous mourraient de faim ; supposition absurde. La nature contraint les hommes

(1) V. le dialogue de Socrate et d'Adimante dans la *République* de Platon : « Le potier *devenu riche* s'embarrassera-t-il beaucoup de son métier? — Non; il deviendra de jour en jour plus négligent et, par conséquent, plus mauvais potier. »

Il y a d'excellentes observations d'économie politique dans Platon et dans Aristote. (Ad. Blanqui.)

Un cultivateur *se battrait* avec un autre pour labourer un champ qui n'aurait point de propriétaire, et le champ resterait en friche. Le propriétaire rend donc un *service* (Say, ch. XXII, note 38).

On démontre de même que la dignité royale, — c'est une *propriété*, — doit être conférée à un homme dispensé de gouverner. Le roi constitu-

à se nourrir, sous peine de *mort*. Dans l'état d'ignorance, ils bravent, pour vivre de gibier, les fatigues de la chasse... Quand ils ont inventé la charrue, ils labourent à la sueur de leur front, pour vivre de blé. Pourquoi ce résultat cesserait-il de se produire entre associés? Est-ce que le stimulant de la faim n'aurait plus de prise sur eux? Renonceraient-ils à *manger* du pain parce que tous, au lieu de quelques-uns, auraient la suzeraineté du sol? La Société a plus de force qu'un nombre égal d'hommes isolés ou même agrégés fortuitement. Elle *requiert*, s'il le faut, la collaboration simultanée (ou successive, après tirage au sort) de *tous* les associés valides. Mais la diffusion des *lumières* dispense de la contrainte. On enseigne franchement aux hommes libres la loi du Travail; on n'a pas besoin de charlatanisme pour leur faire comprendre qu'ils s'assurent eux-mêmes à tous une récompense. Donc la culture du sol est certaine dans l'hypothèse de l'association. On le prouverait d'ailleurs par la manière même dont les choses se passent aujourd'hui. Les fonds sont labourés, semés, moissonnés... par des laboureurs, semeurs, moissonneurs... qui se contentent d'un mince salaire; l'entrepreneur (fermier, colon, bordier...) se contente, à forfait, des 2/5 environ du prix moyen, en supportant les *pertes* moindres de la moitié (et les pertes totales *après* la récolte). Tous travaillent, en laissant 3/5 à un *individu;* tous travailleraient, en laissant 3/5 à un *être collectif;* ils travailleraient même bien plus volontiers, car ils n'auraient à répondre d'aucune perte *fortuite;* leur intelligence serait développée, ils se sentiraient à l'abri de l'humiliation...

La supposition d'un conflit est contradictoire avec celle d'un refus général de produire du blé; pourtant elle est peut-être moins absurde. Je réponds encore par l'état actuel des choses. Si la Communauté quasi contractuelle prévient les guerres civiles qu'allumerait,

tionnel, qui laisse tout faire à ses ministres, rend le service de « remplir une place funeste à la tranquillité publique, dont tout ambitieux voudrait s'emparer, si elle n'était pas déjà occupée, parce qu'on est accoutumé à la voir exister. [Mais si l'on n'avait pas cette habitude, ou si l'on pouvait la perdre, on n'imaginerait pas de créer une telle place. »] Destutt-Tracy, XI, ch. 2.

Le titulaire d'un bureau de *tabac* rend un service analogue, n° 323.

Nul, poursuit J.-B. Say (*Cours*, II, 5), ne voudrait faire les *avances* nécessaires pour mettre en valeur les instruments naturels.

Le travail de *défrichement* est pénible et ingrat, longtemps avant de devenir fructueux. L'entrepreneur ne consent à s'en charger que moyennant une concession *perpétuelle* de propriété, d'emphytéose... [Les Romains admettaient déjà des emphytéoses temporaires; les lois de 1790 les ont réduites à 99 ans; l'État stipule le retour des chemins de fer après cette époque.]

La méthode de Ch. Comte, qui se borne à exposer la manière dont les propriétés se forment (ci-dessus, n° 198), partout où elles sont respectées, rentre au fond dans le cinquième système. [La vertu que l'auteur attribue au respect de la Propriété, difficile à comprendre aux époques de servitude, appartient, sous un régime rationnel, à la juste rémunération du Travail.]

dit-on, la concurrence agronomique, à bien plus forte raison, une société contractuelle obtiendra-t-elle le même succès. — Mais les aspirants surabondent? Une vérification publique désigne les plus capables. Les autres renoncent à l'agriculture et se tournent vers une industrie différente.

Les fonctions qui consistent à *ne rien faire*, par exemple à ne pas gouverner, à ne pas cultiver..., ne méritent aucun salaire et peuvent être supprimées sans inconvénient, en dépit de l'apologue de Menenius Agrippa, imité par La Fontaine. Confiez la gestion de vos affaires et la culture de vos fonds à des associés actifs et responsables.

C'est une véritable pétition de principe que de supposer des avances faites, c'est-à-dire des capitaux formés avant la mise en valeur des instruments naturels. Il faut que beaucoup collaborent pour convertir ces instruments en capitaux. La Société requiert le travail, s'il y a lieu.

Le défrichement est presque impossible sans un travail préalable d'alimentation et de fabrication d'instruments, qui nécessite le concours de plusieurs *collaborateurs*. Le bénéfice est mérité par *tous* et non par un seul, encore moins par un *tiers inactif*; il est mérité, non seulement par les pionniers, mais par ceux qui les nourrissent ou fabriquent leurs outils. Le travail de défrichement mérite une récompense comme tous les autres; — comme tous les autres, il *ne* mérite *qu'*une récompense équitablement déterminée. Il n'implique donc, ni oisiveté ultérieure, ni prélèvement sur la récompense d'autrui.

Plus généralement : la rémunération de l'agronome n'implique pas le droit d'*affamer* les autres associés. V. n° 188. Il a besoin d'eux autant qu'ils ont besoin de lui; donc il doit exécuter un travail équivalent au leur; il doit leur accorder une récompense équivalente à la sienne.

212. *Objection* au sixième système. Si l'on n'admettait la Propriété que comme récompense du Travail, on n'obtiendrait (*horresco referens*) qu'une propriété sans privilèges, égale, inoffensive, laborieuse, sans spéculation, sans monopole d'éducation libérale, d'honneurs, de magistratures..., ce qui est contraire à toutes les notions admises jusqu'ici par *tous* (?) les peuples, par tous (?) les auteurs.

Un stimulant est nécessaire pour déterminer le Propriétaire foncier ou capitaliste à permettre l'utilisation de son fonds ou de son capital.

[Cette objection suppose que la Société n'a pas le droit d'exiger l'utilisation complète et constante des forces naturelles, ce qui n'est pas exact, nº 82. — Néanmoins, elle a une grande valeur *transitoire*. Elle peut se lever par une transaction entre les propriétaires et les producteurs effectifs, transaction préférable à une lutte acharnée où les deux partis s'opiniâtreraient à subir l'inanition; or, c'est ce qui arriverait fatalement si les uns ne voulaient pas céder la matière première qu'ils possèdent et dont ils ne peuvent se nourrir; si les autres ne voulaient pas céder leur travail dont ils ne peuvent pas mieux se nourrir sans l'instrument naturel.]

212. VI. Démonstration par le *droit naturel*, appliqué *entre associés.*

Observons les *faits*, comme le conseillent Descartes et Bacon.

La Nature impose des *besoins* qu'il faut satisfaire sous peine de souffrance; — il est impossible de les satisfaire sans le Travail, accompagné de la Propriété ou *liberté* de *disposer* de la chose travaillée, *pour obtenir la satisfaction.* [Ce qui exclut la destruction abusive, l'interdiction capricieuse du travail et des jouissances d'autrui.] Donc la Propriété, corrélative au Travail, corrélative à la satisfaction des besoins, dérive de l'organisation de l'homme (1).

Mais TOUS les hommes sont organisés pareillement; tous ont des *besoins;* tous sont forcés de *travailler* pour les satisfaire; tous revendiquent la *disposition* de la chose rendue propre à cette satisfaction. — Supposons-les isolés ou plutôt groupés par familles et ne voulant pas user de violence : ils seraient tenus de *se* laisser respectivement travailler et jouir des choses élaborées. Tous devraient *se* laisser cultiver le terrain nécessaire à leur existence.

Supposons un progrès nouveau. Ils s'associent; ils stipulent qu'ils travailleront *tous* autant que possible, pour satisfaire les désirs raisonnables de *tous;* qu'ils accroîtront et conserveront le Capital matériel et intellectuel; ils échangent leurs travaux et leurs propriétés; ils s'instruisent, se moralisent les uns les autres, et, en participant tous à un travail immense, ils profitent tous d'une force immense. — Comme il n'y a aucun mérite à posséder les Forces Naturelles, des *associés* ne réclament aucune récompense pour cette possession; d'autre part, ils ne sauraient s'en exclure les uns et les autres sans se nuire. Donc la

(1) On a dit quelque part : La propriété du produit est la récompense du travail du producteur. M.-J. Chénier : « Et le prix du travail fut la Propriété. »

213. Quelques partisans des anciennes idées se bornent à dire laconiquement : la Propriété est un *droit*. Formule dont la brièveté dispense d'approfondir, d'analyser des éléments nombreux, de distinguer ceux qui sont discutables de ceux qui sont irréprochables.

Quelques-uns se passionnent : La Propriété, s'écrient-ils, est un droit *sacré* (Déclaration des droits de 1791, 17, Thiers, Demolombe...), *inviolable* (Décl. de 1791, Charte de 1814, 9), naturel et *imprescriptible* (Décl. de 1793, 1 et 2).

Propriété ne s'applique pas aux Forces Naturelles *stricto sensu*, ni même à la portion des forces naturelles élaborées (vulg. capitaux), qui est affectée à la Production d'utilité nouvelle, l'autre portion restant affectée à la jouissance raisonnable de tous les associés.

Y aura-t-il encore de l'inégalité? Oui, à raison des travaux *dangereux*, *répugnants*, *pénibles*, *si* tous les associés valides ne s'y soumettent pas tour à tour. Oui, à raison de la *paresse* qui préfère le châtiment au travail. Oui, à raison des *fautes* de diverse nature. — En résultera-t-il une supériorité et une infériorité propres à exciter le mépris en haut et l'envie en bas, comme celle qui dérive d'antiques violences, suivies d'esclavage? J'en doute : l'éducation générale, — on doit commencer par là, — s'oppose à ce que la supériorité provenue du travail *méritoire* ou l'infériorité *méritée* atteignent des proportions appréciables.

213. La Propriété est incontestablement un *droit*. Mais ce droit renferme-t-il le *pouvoir de nuire?* dispense-t-il de remplir son *devoir?* Telle est la question : *That is the question.*

En Logique, un *substantif*, sans verbe ni attribut, ne constitue point une proposition susceptible d'attaque ou de défense. Les *substantifs principes* sont bons tout au plus à servir de devises pour un drapeau, pour un monument..., de résumés pour une doctrine *déjà* démontrée. — Une étymologie (*proprium*) n'est pas une preuve.

Toute faculté fondée sur la *raison* devient un *droit*; tout droit, sans excepter celui de propriété, est *respectable* et mérite la sanction sociale. Mais l'addition d'un *adjectif* à un substantif ne dispense point de preuve rationnelle; l'épithète « sacrée » est déclamatoire. Les géomètres n'invoquent pas une puissance surnaturelle pour établir que les trois angles du triangle sont égaux à deux droits. Ils ne qualifient point cette proposition de « sacrée. »

J.-B. Say distingue : La Propriété des facultés naturelles est *la plus* sacrée; [il donne à ce mot un sens relatif, variable;] ensuite celle des capitaux; celle du sol est *la moins* sacrée, — (id., *Epitome)*, la moins *honorable*.

214. Une *pénalité* est nécessaire pour protéger le droit de détruire et le monopole du travail libéral... contre les doctrines opposées. (Loi du 9 sept. 1835, 8; Louis-Philippe, Persil, à la suite de l'attentat Fieschi.) — C'est un délit que d'émettre une doctrine contraire à des propositions émises depuis 6,000 ans (Hello). [Comment Hello a-t-il pu vérifier les opinions professées par le genre humain pendant la première moitié de ces 6,000 ans? — Le danger, dit-il, date d'hier. Cependant, quelques pages plus loin, il cite Lycurgue, Platon, les apôtres, saint Augustin, Pélasge..., comme partisans d'une propriété *collective*.]

Les mathématiques ont le privilège des démonstrations rigoureuses. [Ceux qui tiennent ce langage n'admettent pas, apparemment, que la *Logique* intervienne dans les sciences *morales* et politiques.]

215. (Arguments d'*atténuation*). La société actuelle est très *supérieure* aux sociétés dites sauvages.

Les ouvriers d'aujourd'hui sont évidemment

La terre ferme produit presque toutes les *matières premières*. A ce point de vue, sa propriété mériterait peut-être la protection légale plus que les autres. Mais la distinction admise par Say montre qu'il entrevoyait, au moins instinctivement, l'impossibilité *morale* d'attribuer le *globe* (moins l'Océan) ou même les Forces Naturelles en général à quelques *hommes* au préjudice du *genre* humain.

214. La loi qui punit l'attaque contre un droit exprimé à l'aide d'un substantif, *sans autre explication*, nº 213, est vicieuse comme loi pénale. Atteint-elle les propositions suivantes : tout homme doit travailler et coopérer à la défense du territoire; nul ne doit détruire une chose nécessaire à autrui ; le travail donne droit à une récompense proportionnelle aux efforts réalisés?... L'autorité publique n'est pas compétente pour résoudre les problèmes de la science. Que diriez-vous du géomètre qui solliciterait l'intervention législative pour contraindre à croire que le carré de l'hypoténuse est égal à la somme des carrés faits sur les deux autres côtés? Le dispenseriez-vous de toute démonstration, sous prétexte que cette vérité est reconnue depuis deux ou trois mille ans? — Mais il est certain, dites-vous, que le droit de détruire, le droit d'inégalité sont indépendants de la satisfaction des besoins. Eh bien, *publiez* votre preuve *irrésistible;* la conviction sera opérée, et l'application se fera spontanément. Tout châtiment sera donc inutile.

215. Un progrès accompli n'exclut pas un progrès *ultérieur*. Tout ce que peuvent exiger les adversaires d'un progrès prétendu, c'est la preuve que le changement proposé est bien un progrès. La démonstration faite, le changement doit s'opérer sans violence de part et d'autre.

Nos ouvriers profitent des progrès généraux de l'hu-

bien *plus heureux* que s'ils vivaient dans un pays non civilisé.

Le pauvre est *plus* intéressé *que* le riche au maintien des propriétés. [Say n'explique pas, suivant l'usage, s'il entend par ce mot le droit de satisfaire ses désirs *sans travail*, si mieux l'on n'aime aspirer aux *honneurs*. — Sa question, du reste, est plus curieuse qu'utile : elle repose sur une pure hypothèse.]

L'auteur ne généralise pas sa pensée. Élargissons sa formule : Lorsque le législateur crée l'*in*égalité, les *inférieurs* sont *plus* intéressés que les *supérieurs* au maintien des privilèges.

Menenius Agrippa et, depuis, La Fontaine (III, 2) étaient un peu de cet avis.

4° Récapitulation. (Propriété sans société.)

216. *Analyse* des facultés. L'individu propriétaire *peut* :

1. Détruire par caprice,	malgré le besoin des autres.
2. Laisser dépérir,	
3. Interdire l'utilisation,	
4. Ordonn. l'exploitation nuisible,	
5. — l'affectat. posthume perp.,	
6. Vendre cher la faculté d'exploiter,	
7. — — les fruits,	

manité, n° 32. Mais, quand ils auront reçu l'éducation qui leur manque, ils goûteront une foule de jouissances morales ou intellectuelles dont ils sont privés. Ils seront à l'abri de toute *humiliation*, fondée soit sur le défaut de lumières et de politesse, soit sur la nature répugnante de certains travaux, n° 311.

Le riche, — tout en gémissant sur les maux que la Nature lui inflige comme aux pauvres, — gagne évidemment à la possession de ses privilèges. Il se *repose* à son gré, cultive les lettres, les beaux-arts, se procure des *livres* pour s'instruire ou se divertir ; il ne redoute aucune humiliation à l'occasion des travaux qu'il choisit, dirige, suspend à sa volonté.

Supposez l'homme le plus opulent, muni de son seul capital, *dépourvu* de toute *collaboration*. Comment pourra-t-il préparer son *dîner* du lendemain, se confectionner de nouveaux *habits*, se rebâtir une *maison*, se soigner dans une *maladie*, imprimer ses idées?...

L'argent monnayé ne sert à rien *par lui-même :* il ne peut ni garantir du froid, ni guérir de la fièvre, ni satisfaire la faim... Qu'on se figure un millionnaire *affamé*, auquel on sert des monceaux d'*or* ou d'*argent!* — Les capitaux non monnayés ont sans cesse besoin d'être *laborieusement* réparés ou remplacés.

4° Récapitulation. (Propriété entre associés.)

216. Analyse des *devoirs*. L'associé propriétaire *doit :*

1. S'abstenir de nuire aux autres associés.
2. Veiller à la conservation de la chose.
3. Laisser utiliser à son défaut.
4. Exploiter utilement.
5. Ne pas lier les générations ultérieures.
6. Ne rien prélever sur la récompense d'autrui.
7. Se contenter d'un équivalent pour son travail.

8. Le maître *peut* vendre pour rach., et réciproq., ou accaparer, malgré le besoin des autres.
9. Se procurer des privilèges sociaux.
10. Vivre dans l'oisiveté absolue.
11. Éviter le danger, le dégoût, la fatigue.

12. Absorber le développement moral.
13. Absorber les honneurs et fonctions.
14. Préférer le travail libéral.
15. Absorber les F. N. et la terre ferme.
16. Perpétuer ses privilèges après lui.

On abrège ici pour permettre d'envisager l'ensemble des facultés élémentaires. V. nos 179 à 215.

217. *Principes* sur lesquels sont fondées les facultés élémentaires :

1. L'*individualisme* constitue le vrai progrès (Serrigny). Les tentatives de communauté pratiquées à diverses époques ont toutes échoué (Ch. Comte).

2. Les individus isolés ou juxtaposés ont la même *somme* de forces que s'ils étaient associés.

3. Le *but* de l'appropriation est de contenter la cupidité, les *caprices* individuels.

4. L'espoir des privilèges est le *stimulant* le plus énergique du Travail.

5. L'inégalité sociale est dans la Nature.

8. Le propriétaire *doit* s'abstenir de spéculations, d'accaparements.

9. Répudier les privilèges iniques.
10. Travailler raisonnablement.
11. Participer aux travaux dangereux, répugnants, pénibles.
12. Contribuer au développement moral d'autrui.
13. Prouver son aptitude, son mérite...
14. Ne pas humilier ses collaborateurs.
15. Ne pas exclure la Société des Forces Naturelles.
16. Ne pas conférer de privilèges aux siens.

Ces formules trop brèves doivent s'interpréter par les détails donnés plus haut, nos 179 à 215.

217. Idées *générales* d'où dérivent les devoirs du propriétaire associé :

1. L'individualisme véritable est à peu près impossible. Celui qu'on vante comme un progrès n'est autre chose qu'une association *imparfaite*, où l'on veut conserver les vestiges d'une association bien plus vicieuse, entre *maîtres* et *esclaves*. Le perfectionnement, pour réussir, doit contenir un développement *moral* et *intellectuel* qui n'existait pas dans les tentatives rapportées par l'histoire.

2. L'association *multiplie* les forces ou plutôt les augmente suivant une *progression* rapide.

3. Le but de l'appropriation est de satisfaire les besoins et désirs raisonnables.

4. Le stimulant naturel est le *besoin*; celui qui résulte de l'iniquité est vicieux; il cesse d'agir dès qu'il a réussi.

5. La Physiologie prouve que tous les hommes sont pourvus des mêmes organes : cerveau, appareil nerveux, appareil digestif...

6. L'inégalité est fondée sur l'intérêt social.

7. La supériorité d'éducation implique supériorité d'aptitude.

8. Les travaux pénibles, les travaux agricoles sont nécessairement mal payés (Dest.-Tr.).

9. Les fonds ne peuvent être cultivés qu'autant qu'on les attribue à un seul, avec privilège d'oisiveté, d'éducation libérale...

10. Les privilégiés existants ont droit de se faire représenter à perpétuité par d'autres privilégiés.

N. B. Il ne suffirait pas d'établir des facultés rationnelles, par exemple celle de consommer les aliments, pour démontrer celles qui ne le seraient pas, par exemple celle de jeter les aliments au feu.

218. *Source* de l'ancienne doctrine.

1. L'organisation de l'homme ne change pas, du moins sensiblement. Aussi a-t-on nié, non sans raison, la perfectibilité humaine. — Effectuez vos prétendus progrès : ceux qui en profitent ne s'en aperçoivent pas. La science n'est qu'une série de problèmes; tout est vanité, incertitude.

2. Qu'est-ce que la *Politique?* Une collection de finesses (Machiavel, Talleyrand...), étayée d'une collection d'anecdotes.

3. La Politique a pour *but* la satisfaction des ambitions individuelles. [Certains despotes,

6. L'équité ne permet pas de priver ses associés de leur développement physique, moral et intellectuel.

7. Tous les associés peuvent et doivent *prouver* leur aptitude aux fonctions publiques, aux travaux agréables...

8. La rémunération du travail méritoire n'est pas laissée au hasard ; elle est proportionnelle au mérite.

9. Un seul ne peut défricher; or, tous les collaborateurs veulent une récompense. La prééminence d'un oisif ne stimule point les autres à travailler réellement. S'ils acceptent de lui un salaire, ils l'accepteront bien mieux de la Société.

10. La génération existante travaille pour la génération future *tout entière*, non pour quelques individus.

N. B. Il n'est pas nécessaire de combattre les facultés rationnelles pour écarter celles qui ne le sont pas.

218. Cause du *progrès.*

1. La science est sûrement perfectible. A mesure que les observations accumulées en grossissent le capital, on *connaît mieux* les vices de l'organisation antérieure et les perfectionnements qu'il convient d'introduire. L'*Imperfection initiale*, que je déduis de l'idée de Perfectibilité, retournée, explique les fautes, les erreurs premières de l'Humanité. L'Éducation fait apprécier le progrès, même accompli.

2. La Politique véritable est fondée, selon moi, sur le Droit philosophique.

3. Le Droit philosophique (ou naturel) a pour but la prospérité de *tous*, sinon du plus *grand nombre.* Il

Louis XI, Richelieu, Louis XIV, Napoléon..., ont travaillé pour l'intérêt général dans les cas où il se trouvait d'accord avec leur intérêt personnel.]

4. Le Droit *naturel* est gravé dans tous les cœurs; il est immuable. (Instit.) [Cependant, il semble varier avec les *lieux*, ce que Pascal renonce à expliquer.]

5. Il établit l'*in*égalité de fortune, qui s'explique d'ailleurs par l'inégalité de mérite et de travail. V. J.-J. Rousseau.

6. L'*Histoire* s'occupe des rois, des faits importants...; elle ne descend pas jusqu'aux intérêts privés. [V. cep. Monteil.]

7. La Politique n'a rien à démêler avec la *Physiologie*.

8. La Nature subvient à tous les besoins de l'homme : le sol lui donne une habitation; les animaux et végétaux le nourrissent; les minéraux lui servent d'instruments. Telle est la base de l'Économie politique.

9. J.-B. Say, Adam Smith..., ont, avec raison, pris la Société telle qu'elle était autour d'eux, de leur temps; aussi n'ont-ils point imaginé d'*utopie*.

La géométrie est une science *sui generis*. Il n'y a point de lignes, de surfaces, de solides parfaits dans la Nature.

se déduit de la connaissance de la *nature*, en général, et de l'homme, en particulier. Il constate que l'homme tend vers le bonheur et vers l'association.

4. Il commence par être fort mal connu (d'où l'entr'égorgement, l'esclavage...). Il se perfectionne peu à peu, comme toutes les sciences. De ce que certains phénomènes sont ou semblent invariables, il ne s'ensuit pas qu'ils soient compris sur-le-champ et complètement. Les peuples sont plus ou moins avancés.

5. La guerre a établi l'esclavage, qui s'est changé en servage à la suite de la féodalité. Puis l'adoucissement des mœurs a fait affranchir les serfs, mais sans rétablir l'égalité de fortune.

6. L'Histoire du *Travail* est indispensable à connaître pour apprécier les conditions auxquelles il a été soumis, le salaire qu'il a obtenu.

7. La Physiologie sert à démontrer l'égalité; elle ne reçonnait pas d'organisation privilégiée aux possesseurs du sol et des Forces Naturelles.

8. L'Économie politique n'a fait de progrès sensibles que depuis Montesquieu, qui n'en écrit nulle part le nom. Elle démontre que le travail est nécessaire pour compléter les Forces Naturelles. Il faut bâtir des maisons, multiplier les espèces utiles, détruire les espèces nuisibles, fouiller les mines...

9. Selon moi, les économistes doivent rechercher, en observant l'*organisation* de l'*homme*, sans rien imaginer, le BUT rationnel, plus ou moins éloigné, vers lequel on tendra sans cesse, sauf à se contenter d'une *approximation* provisoire.

Les géomètres supposent les lignes... parfaites, pour simplifier les questions; il n'y a pas là d'utopie : la solution des problèmes en devient plus nette et plus sûre ; dans l'application, les géomètres tiennent compte des anomalies, comme les mécaniciens du frottement.

10. La Statistique offre peu de ressources. L'esprit humain sait mieux punir que récompenser; les révolutions sont violentes et funestes.

XV

Importation. — *Exportation.*

[Échanges internationaux; v. chap. XI.)

219. Quelques publicistes ont soutenu, contre J.-B. Say, que la science convenable aux peuples *diffère* essentiellement de celle qui convient aux individus. — Dans ce système, il y aurait deux arithmétiques, *deux* économies politiques..., l'une pour les nations, l'autre pour les particuliers. V. n° 431.

220. L'histoire prouve que les peuples ont presque toujours été *en guerre.* — La gloire (Thiers : Iéna) embellit tout... Le génie, l'héroïsme... rachètent (?) l'horreur des scènes terribles... (incendies, massacres, pillages...) — *Gentes... percuties usque ad internecionem* (Deutér., VII, 2). *Delebis urbem ac omnia... usque ad* PECORA (ib., XIII, 15, 16). *Disperdentes... mulieres et* PARVULOS (III, 6), etc.

Cette méthode permet de *se diriger* dans les cas douteux : on sait *où* l'on va; on perfectionne sans cesse; tandis que la méthode vulgaire aboutit à l'*immobilité*, sinon au mouvement *rétrograde*.

10. La Statistique est susceptible d'extension.

La Théorie des récompenses peut être approfondie comme l'a été le Droit criminel; celle des réformes, ignorée de Montesquieu, a déjà des principes certains. V. nos 200 à 202.

XV

Comment un peuple peut-il obtenir l'utilité produite par un autre peuple?
Comment peut-il se faire récompenser du travail utile qu'il a exécuté pour cet autre peuple?

219. Les principes démontrés par les sciences, abstraction faite du nombre des personnes, sont vrais pour *plusieurs* hommes comme pour un seul, pour un *peuple* comme pour un individu.

Les principes sur la Production d'Utilité ne varient donc pas quand on les applique aux êtres collectifs. Seulement, le *nombre* des producteurs *augmente* la force productrice. Les productions, impossibles ou à peu près impossibles pour un seul, deviennent possibles pour un nombre suffisant.

220. La guerre est un fléau; en causant de vives souffrances, elle *détruit* une somme énorme d'utilité; elle ne fait guère produire que des choses *nuisibles* (comme les instruments de mort, les engins destructeurs) ou *inutiles*, par exemple quand elle force d'entretenir des hommes à l'état d'oisiveté.

Donc il faut la supprimer en principe (1).

(1) Les Français coupèrent 50,000 oliviers, dans leur expédition de Portugal, en 1810 (Thiers).

221. Des publicistes, Hobbes, par exemple, en ont conclu, avec quelque apparence de raison, que la guerre constitue l'état *naturel* de l'humanité (1).

222. La théorie de la guerre a été soigneusement approfondie. Elle est indispensable à connaître. La *guerrilla* est impuissante contre une tactique savamment pratiquée. On a droit de mettre *à mort* les citoyens non enrégimentés qui défendent leur patrie, s'ils sont faits prisonniers, n° 422.

223. Les Russes, Prussiens et Autrichiens, ligués, ont subjugué la Pologne. Les Turcs ont subjugué la Grèce, la Crète, la Bulgarie... *Væ victis!* — Il y a prescription.

La force prime le droit.

224. Même en état de paix, les peuples se sont presque toujours traités comme des rivaux, des *adversaires*...

L'*unification* des peuples est impossible : « Con-

(1) Voltaire a raillé l'abbé de Saint-Pierre pour son projet de *paix perpétuelle*; mais il a partout combattu le fléau de la guerre. Il se contredisait donc en cela. De plus, il ne se rendait pas compte de la puissance d'une proclamation de principe constamment répétée par des hommes influents.

221. L'ignorance a précédé la science. De là les erreurs, les fautes que constate l'histoire. L'*irritabilité*, combinée avec l'*ignorance*, amène l'entr'égorgement. Mais l'état de guerre, favorable aux individus qui ambitionnent le titre de *conquérants*, n'est pas plus essentiel à l'espèce humaine que l'état d'ignorance.

PAIX UNIVERSELLE ET PERPÉTUELLE.

222. Quand la guerre a pour but de *repousser* une invasion, elle est utile comme le serait une opération chirurgicale, n° 109. L'association produit alors son effet ordinaire : elle porte la force défensive à son plus haut degré. Avec de la prudence, une nation de 30 à 40 millions d'hommes est sûre, si elle sacrifie quelque temps ses habitudes de bien-être, d'*affamer* et de détruire ou expulser une armée d'un million d'ennemis.

223. Les nations libres ne doivent pas souffrir que l'une d'elles soit envahie, accablée par un peuple (ou plutôt le *chef* d'un peuple) qui abuse de sa force. Elles doivent revendiquer pacifiquement la liberté des nations opprimées par un conquérant qui n'a pas su fondre ensemble vaincus et vainqueurs, de même que les Gaulois, Francs, Romains..., sont fondus chez nous. Les Turcs n'ont jamais su s'assimiler les Grecs, les Serbes, les Valaques... Les Russes, Prussiens et Autrichiens ne semblent pas s'être assimilé les Polonais... ... ...

224. L'*association universelle* est le seul moyen de porter la force et la prospérité de l'espèce humaine au *plus haut* degré. [Il est vrai que l'unification des peuples est excessivement difficile, à cause de la *multiplicité des langues*. Cet obstacle ne sera vaincu peut-être qu'après bien des *siècles*. Mais, quand la science a montré le *but* véritable, l'impossibilité de l'atteindre immédiatement ne dispense pas d'y tendre sans cesse, n° 13, et de tourner tous les efforts de ce côté. —

sultons l'histoire...; pouvons-nous raisonnablement « espérer la réalisation d'une harmonie » universelle? » (Treilhard, *motifs* du titre Ier du Code civil.)

225. La division des peuples et leur opposition d'intérêts engendrent une science spéciale : le droit des gens (*gentium*) ou *international* et un art spécial : la *diplomatie*. Le droit des gens résulte des *usages* et des *traités* qui les ont modifiés. La diplomatie est la mise en œuvre de la finesse, n° 218.

226. Le droit naturel et la morale varient suivant les lieux. — Vérité en *deçà*, erreur au *delà* (Pascal). — Si l'on soumet, comme Montesquieu (XIV, 2), une *langue de mouton* (!) à des températures différentes, on reconnaît qu'elle subit des modifications successives.

227. Chacun pour soi; chacun chez soi; chacun selon son droit (Dupin aîné). — Un peuple s'occupe des individus qui le composent et non de ceux qui composent les autres peuples. Ce sont des étrangers; ce sont, comme disaient les

Dans tous les cas, indiquer un but *opposé*, c'est commettre une erreur.]

225. La justice, ou plutôt la science juridique, se fonde sur la nature de l'*homme* en général; elle ne varie pas avec la *nationalité*. L'observation et la logique conduisent aux mêmes résultats, bien qu'appliquées à des peuples différents. Il faut savoir être juste envers un adversaire qui ne l'est pas. Que la France donne l'exemple aux peuples moins éclairés.

La finesse qui trompe sur les droits, sur les devoirs véritables est pernicieuse. Celle qui cherche à plaire, à persuader par la douceur, pour mieux *convaincre*, est salutaire.

226. Les hommes font bien de s'entr'aider, de s'abstenir de se nuire les uns aux autres, de rester fidèles à leurs engagements réciproques, sous quelque *latitude* qu'ils habitent, quelle que soit la *température* du climat. La tendance au bonheur, à l'association se retrouve dans les deux hémisphères, à l'orient comme à l'occident; les conditions de prospérité y sont les mêmes pour les sociétés; seulement, les *procédés* pour se *garantir* du chaud et du froid varient.

La science est, en fait, plus étendue chez les Européens occidentaux; mais les civilisations tendent à s'égaliser, aussi bien que les conditions individuelles, dans toutes les régions terrestres.

227. L'homme est organisé de manière à souffrir des douleurs d'*autrui*, à jouir du bonheur de ses semblables. On s'indigne en lisant les tortures, les massacres, les spoliations..., accomplis par les fanatiques et par les ambitieux.

L'association augmente la force et la prospérité,

Romains, des *barbares*. (Virgile, *Églogue* I, v. 72; Justinien, procem. Instit. : *barbaricæ gentes*.)

Ayons du patriotisme.

228. Selon certains individualistes, les savants *français* écrivent dans l'intérêt de la *France*, les savants anglais dans l'intérêt de l'Angleterre, les savants allemands dans l'intérêt de l'Allemagne...

229. Quel intérêt avons-nous à travailler pour des peuples placés aux *extrémités* du monde?

« Pourquoi donnerions-nous à nos voisins des privilèges qu'ils s'obstine*raient* (?) à nous refuser? » (Treilhard, *sup.*, n° 224.)

230. Tout peuple qui veut faire un échange stipule le plus d'avantages possible, fût-ce au *détriment* du peuple avec lequel il traite (1).

231. La Nation s'efforce d'*im*porter *plus* qu'elle n'*ex*porte. « Il faut, disait Ustariz, ven-

(1) J.-B. Say admet implicitement cette proposition, quand il recherche quel est le *gain* annuel d'une nation *sur* l'étranger.

quelle que soit l'*origine* des associés (1). — Le patriotisme n'implique pas l'*égoïsme national*. On doit et l'on peut concilier deux sentiments également naturels.

228. La Science recherche la Vérité.

La Vérité *n'a pas* de *patrie*.

Les propositions vraies, comme celles-ci : les 3 angles d'un triangle sont égaux à 2 droits; l'air est composé d'oxygène et d'azote; le travail mérite récompense..., ne sont pas plus vraies en France qu'en Allemagne..., pas plus vraies en Allemagne... qu'en France.

La Science, en général, l'Économie politique, en particulier, cherche la vérité pour l'*Humanité*, non pour un peuple.

CAPITALISATION SCIENTIFIQUE *universelle* (2).

229. Voulez-vous que les autres travaillent pour vous? Travaillez pour les autres. Ils vous récompenseront de vos efforts; vous les récompenserez des leurs.

La réunion de *toutes* les forces produit le *maximum* d'Utilité. L'association seule des peuples permet de lutter contre les *cataclysmes* qui excèdent les forces d'un peuple unique. COLLABORATION UNIVERSELLE.

230. Un peuple, quel qu'il soit, ne cherche point à s'enrichir au détriment des autres. Il réclame seulement l'*égalité* d'avantages, l'utilité commune, la réciprocité de récompense.

RÉMUNÉRATION RÉCIPROQUE UNIVERSELLE.

231. La Nation veille à *ne pas perdre* dans les

(1) Peuples, formez une sainte alliance. (Béranger.) — Je suis citoyen du monde, disait Socrate (v. Cicéron : *mundanus*). — *Nihil humani a me alienum puto.* (Térence.) — N° 237, note.

(2) V., dans Bacon, ce qu'il appelle l'Institut de Salomon.

dre aux étrangers *plus* de nos productions *qu'*ils ne nous vendront les leurs. » Id. Forbonnais, Mun...

232. La Nation n'est pas tenue d'éclairer les autres peuples sur leur intérêt. Pothier enseigne que le vendeur et l'acheteur peuvent se *circonvenir* dans une certaine mesure.

233. Un peuple civilisé se félicite quand le peuple avec lequel il contracte est *ignorant* ou sauvage.

234. C'est aux individus producteurs d'*étudier* ce qui peut convenir à ceux des autres pays. Il est vrai que, par défaut d'éducation, de fortune, de temps, de goût pour la science, de moyens d'information, ils omettent souvent cette étude. Les échanges internationaux sont alors moins fréquents, moins avantageux : toutes les nations en souffrent.

235. Un peuple (anglais?) est libre de forcer un autre peuple (chinois?) de souffrir l'importation d'une substance *nuisible* (comme l'opium, les liqueurs fortes...).

échanges qu'elle opère; elle ne sacrifie qu'une somme de travail utile égale à celle qu'on lui offre.

Mais elle *offre* toujours un sacrifice *égal*. Elle s'efforce de ne pas se laisser tromper; elle ne trompe jamais.

232. On contracte de *bonne foi*. Si l'autre partie n'aperçoit pas ses intérêts véritables, on l'éclaire.

La vieille doctrine dérivait de ce que le hasard ou plutôt la situation pécuniaire des parties permettait à l'une d'attendre plus longtemps que l'autre. Il était difficile de blâmer celle qui dissimulait sa gêne.

233. Plus les autres peuples sont *éclairés*, plus on a de chances d'entretenir avec eux des relations pacifiques, utiles, agréables. Par leurs lumières mêmes, ils sont plus capables d'exploiter le territoire qu'ils habitent et d'en tirer de l'Utilité.

ÉDUCATION UNIVERSELLE.

234. La Société encourage la Statistique; elle fait étudier les *besoins* de tous les peuples (en commençant par ceux avec lesquels on se trouve dès à présent en relation); elle fait étudier les *moyens* de satisfaction que tous possèdent. Les échanges une fois établis sur cette base solide, elle engage les producteurs nationaux à créer l'Utilité dont a besoin tel peuple, afin d'obtenir de lui celle dont nous avons besoin. Elle sollicite de cet autre peuple les renseignements de nature à l'éclairer.

C'est seulement par des communications internationales que l'on acquiert des connaissances géographiques exactes et complètes.

STATISTIQUE UNIVERSELLE.

235. On n'abuse pas de l'état arriéré du peuple de qui l'on veut obtenir l'importation d'un certain genre d'utilité, pour lui faire accepter, en retour, une utilité *trompeuse*.

236. On ne s'inquiète pas si le travail utile qu'on offre est bien l'*équivalent* du travail utile qu'on se fait livrer.

237. On détruit les choses inutiles à la France, sans s'inquiéter si elles seraient acceptées par d'*autres* peuples. Ils y perdent, sans que la France y gagne beaucoup.

238. Le peuple qui possède une substance précieuse, étrangère aux autres pays, peut la *détruire*, la dissiper, la vendre au poids de l'or...

239. Le peuple éloigné des périls dont menace la mer ou toute autre force naturelle nuisible peut rester *indifférent*, en attendant que le danger le gagne.

Ce phénomène s'est produit entre propriétaires de mines que menaçait une inondation souterraine. V. n° 68.

XVI

Prohibitions

[d'importer ou d'exporter; — libre échange.]

240. D'après certains auteurs de droit (1) in-

(1) L'économie politique emprunte à la science du *Droit* [Déontologie *gouvernementale*] les règles qui déterminent les *droits* (facultés) et les *devoirs*, ayant pour objet la Richesse [l'Utilité].

236. Si le travail du peuple avec qui l'on contracte nous est utile, nous devons l'en *récompenser*, dussions-nous devenir parfois victimes de l'iniquité des étrangers.

237. On publie l'inventaire des choses dont on n'a pas besoin, avec offre d'échange.

Les chefs-d'œuvre de l'art, les tableaux de Raphaël, les statues antiques telles que la Vénus de Milo, le Gladiateur..., appartiennent au *genre humain* (1). La nation qui les possède en doit compte à l'univers.

CONSERVATION UNIVERSELLE.

238. Chaque peuple, après avoir prélevé ce qui lui est nécessaire ou même simplement utile, appelle les autres à y prendre part. Il est *tenu*, dans la limite de ses forces, d'exploiter l'utilité naturelle inhérente à son territoire : EXPLOITATION UNIVERSELLE *des instruments naturels*.

239. Les peuples, en *s'associant*, peuvent espérer de prévenir ou de vaincre certains phénomènes redoutables ou cataclysmes.

Celui qui habite la partie d'un édifice la plus éloignée de l'incendie ne doit pas attendre que le feu le gagne : ASSURANCE MUTUELLE *univ. et perpét. contre les Forces Naturelles nuisibles*.

XVI

Jusqu'à quel point une nation peut forcer ou empêcher ses membres de travailler pour les autres nations.

240. Les êtres collectifs sont comme des individus, les uns par rapport aux autres. Donc, les principes qui

(1) « Les siècles sont à toi, le monde est ta patrie, » dit Lamartine à un poète.

ternational vulgaire, les nations (ou leurs *monarques*) n'ont *pas* de *devoirs* réciproques, — hors le cas de promesse formelle, dans quelque traité commercial ou autre analogue.

241. Elles sont libres de prohiber l'*importation* ou l'*exportation* et, par suite, l'acquisition de certains produits fabriqués à l'étranger, ou l'aliénation de certains produits fabriqués chez elles, ce qui équivaut à prohiber la fabrication de ces derniers, en tant qu'ils ne sont pas consommés au dedans.

242. Les nations ont intérêt à prohiber l'exportation ou l'importation qui leur cause une *perte;* ce qui arrive quand la valeur *ex*portée est *plus* considérable que la valeur *im*portée, nº 231.

243. Les nations ont intérêt à commander l'exportation ou l'importation qui leur procure un bénéfice; ce qui arrive quand la valeur *exportée* est *moins* considérable que la valeur *importée*.

fondent les droits et devoirs réciproques des individus fondent des droits et devoirs *semblables* entre les nations. V. nos 219, 226.

Aucune d'elles n'a droit de nuire aux autres ; chacune est tenue de leur faire du bien, tout au moins lorsqu'elle ne se nuit pas à elle-même.

241. Pour que l'Humanité jouisse de la plus grande somme d'utilité et de prospérité possible, il faut que *tous* les hommes s'associent et *collaborent*, quel que soit le lieu de leur naissance ; en d'autres termes, il faut que tous les peuples produisent les uns *pour* les *autres*..

Donc, en *principe* général, un peuple ne peut équitablement interdire aux individus qui le composent un travail utile aux autres peuples et l'acquisition de l'utilité qu'ils produisent. Son intérêt bien entendu s'y oppose : en effet, s'il a besoin d'un genre d'utilité qu'il ne saurait produire chez lui, il est bien obligé, pour se le procurer, de récompenser le travail des étrangers avec le genre d'utilité qu'ils ne sauraient produire chez eux. V. une exception, nos 245, 247.

242. La théorie des récompenses est, pour les êtres collectifs, la même que pour les individus.

Un travail accompli donne à son auteur le droit d'obtenir toute l'utilité et rien que l'utilité produite par un travail d'un *mérite égal*.

Pour qu'un échange soit équitable, il faut que le mérite du travail exécuté par les copermutants soit pareil.

243. Les nations doivent s'abstenir de prohiber l'échange équitable et d'ordonner l'échange inique.

L'intérêt individuel et social, bien entendu, porte aux échanges, c'est-à-dire aux échanges *équitables:* Répandez les lumières ; enseignez à vos concitoyens l'art de ne pas devenir dupes et le devoir de ne pas duper autrui.

244. Le système prohibitif a pour but : 1° de percevoir des *contributions* indirectes ; 2° de *favoriser* certaines industries, *sans* s'inquiéter du degré d'*urgence* des productions.

245. La communauté laisse aux *individus*, propriétaires, capitalistes, entrepreneurs..., la liberté de produire ou de *ne pas produire* ce dont elle a besoin ; la liberté d'aller ou de *ne pas aller* le chercher dans les pays étrangers pour l'importer chez elle.

246. Elle leur abandonne le soin d'*étudier* les besoins et les ressources.

247. La réquisition n'a pas de sens quand il s'agit du travail d'hommes appartenant à une *autre* nation.

244. Les contributions perçues à la sortie ou bien à l'entrée sont, comme toutes les contributions indirectes, iniques et inutiles, n° 399.

Il faut, pour fixer l'ordre dans lequel doivent être produits les divers genres d'utilité, tenir compte de l'*urgence* des besoins. — Si l'urgence est au plus haut degré, on déroge, quand il le faut, aux principes généraux (1). — On *prohibe l'exportation* du blé, et en général de tout ce qui est *nécessaire* à la subsistance. On *ordonne* du même coup sa production, ou son importation à l'aide d'une production équivalente.

245. La Société ne se fie qu'à *elle*-même, quand il s'agit d'assurer sa subsistance. Autrement, elle s'exposerait à ce que les associés, en tout ou en partie, mourussent de *faim* à une époque plus ou moins rapprochée.

246. Elle possède des moyens bien plus puissants que ceux des individus pour établir la statistique du Nécessaire et de la force productrice corrélative. Elle dénombre les hommes qu'il s'agit de faire subsister, les hommes valides qui peuvent travailler pour l'alimentation commune. Elle les *requiert* alors sans aucune dispense. L'existence de tous doit être assurée, avant qu'aucun se livre à l'oisiveté, au travail agréable; avant qu'aucune force naturelle ou artificielle soit distraite au profit du luxe ou même du co*m*fortable.

247. Quand les substances alimentaires font défaut sur le territoire, la Nation assure leur importation

(1) Pour *être utile* aux autres, il faut *être*, il faut *subsister*. C'est en ce sens qu'est vrai le proverbe ironique : « Charité bien ordonnée... » Les devoirs envers *soi*, admis par les moralistes vulgaires, sont en réalité des devoirs envers *autrui*. Quelle utilité, quel agrément retirez-vous de la société d'un égoïste, d'un paresseux, de celui qui ne cultive pas son intelligence?...

248. Quelques gouvernements jugent à propos d'interdire l'introduction sur leur territoire de certaines *idées* contraires aux doctrines qu'ils adoptent.

249. Le principe de la liberté humaine s'applique à la production : on ne saurait *contraindre* les individus à *produire;* — on ne saurait les contraindre à produire le *genre* d'utilité qu'ils ne veulent pas.

XVII

Règlements sur l'industrie.

[Liberté du travail.]

250. On a soutenu qu'il convient d'*encourager* certains produits. Selon J.-B. Say, l'encouragement est inutile : si le produit en est digne, il a de la *valeur;* cette valeur récompense le producteur : elle constitue un stimulant assez énergique. — Certaines communautés ont employé

d'une manière *indirecte* : elle exige qu'un nombre suffisant d'indigènes produisent la somme d'utilité choisie et stipulée par les producteurs de substances alimentaires, à l'étranger. En effet, on n'obtient pas gratuitement l'utilité produite par autrui : on la paye avec un *autre genre* d'utilité; la production de cet autre genre devient aussi indispensable que la culture même ou l'extraction des substances alimentaires.

248. La liberté de manifester sa pensée, *sans autres limites* que la décence et la politesse (1), est le seul moyen de porter les lumières à leur plus haut degré. Or, les lumières peuvent nous venir d'un peuple étranger. Plus le nombre des observateurs est grand, plus le développement scientifique est étendu.

249. Il est impossible d'obtenir les immenses avantages qu'on retire de l'association, sans donner en retour l'*équivalent* individuel qu'on peut raisonnablement lui procurer. Donc, si les individus veulent obtenir ces avantages, ils doivent les mériter par un travail corrélatif.

Il semble, du reste, qu'à moins de folie un homme ne saurait se refuser à produire ce qui lui est nécessaire pour *subsister*.

XVII

Jusqu'à quel point une nation peut astreindre ses membres à produire tel ou tel genre d'utilité.

250. Une nation ne saurait subsister sans certaines choses *nécessaires* : aliments, vêtements, logement, pansement...

Elle a besoin de repousser les invasions ennemies, de combattre certains fléaux...

(1) Injurier, c'est nuire.

des peines afflictives, par exemple le fouet (!!), pour contraindre au travail. Quelques socialistes, tels que Saint-Simon, ont inventé une *religion* nouvelle (!!!) pour atteindre le but. Fourier s'occupe des *autres* globes et nous promet *plusieurs* lunes. Owen et Pierre Leroux ont cru, avec la multitude ignorante, que la solution du problème de la Production est invinciblement *liée* à la solution du problème de l'Univers. [Mais la *Déontologie* est tout à fait distincte de la *Cosmologie*, science bien plus difficile et, partant, bien plus arriérée.] (1).

251. Beaucoup de gouvernements (Auguste, Léon X, Louis XIV...) ont encouragé les *beaux-arts*, la *poésie*... Léon X voulait (?) faire de Raphaël un cardinal. Napoléon fit de Laplace et aurait fait de Corneille un ministre. Combien de génies étouffés par la misère ! [Ajoutons : et par l'ignorance générale. En effet, ces mêmes gouvernements n'ont pris nulle mesure pour *instruire* les masses.]

252. Say garde le silence sur la production des choses inutiles ou *nuisibles*. [V. cep. C. pén., 314-15, 318; lois des 24 mai 1834, 27 mars 1851, 5 mai 1855...]

253. Selon J.-B. Say, les *corporations* écartent les concurrents les plus capables. [Cette

(1) Proudhon rejette le merveilleux, mais ne conclut pas nettement. Il se contredit en relevant (avec injures) les contradict. d'autrui.

Pour atteindre ces divers buts, il lui faut un certain nombre de travailleurs...

S'il s'en présente volontairement, le but est atteint (on choisit, en cas de concours, les plus capables). Sinon, l'on exige, comme l'accomplissement d'un devoir, l'exécution du travail voulu. *L'alternement* permet de répartir la charge avec égalité entre *tous* les associés valides : le sort désigne ceux sur lesquels pèsera *d'abord* l'obligation, jusqu'à ce que chacun l'ait accomplie à son tour. On procède ainsi, surtout quand il s'agit de labeurs dangereux, répugnants, pénibles... [Le régime guerroyant l'a reconnu de tout temps pour le service militaire.] Les pénalités sont fixées d'après le dernier état de la science du Droit criminel.

A l'égard des travaux *simplement utiles*, la contrainte n'est pas indispensable : l'encouragement suffit.

251. S'agit-il de travaux attrayants; l'encouragement est superflu. Le *plaisir* que procure l'exercice de l'imagination est une récompense anticipée, un stimulant naturel. La biographie des plus célèbres artistes, des plus grands poètes... prouve qu'ils auraient composé, sans être mus par l'*ambition* ou la cupidité.

En sens inverse, l'offre d'une couronne est impuissante à former un Molière, un Mozart...

L'éducation universelle, avec liberté indéfinie d'exprimer sa pensée, permet aux talents extraordinaires de se manifester.

252. La Société s'abstient d'encourager la production des choses inutiles; elle la *tolère*, quand elles sont inoffensives, par respect pour la liberté de penser.

Elle prohibe la production des choses *nuisibles*.

253. La Société entière est intéressée à choisir, pour chaque genre de production, les hommes les plus habiles. La *publicité* de la vérification garantit qu'elle sera bien faite. Les jurés chargés du choix seront

proposition paraît se référer aux corporations d'*entrepreneurs*.]

254. Les corporations repoussent les *innovations*.

255. Elles font payer les produits, au consommateur, le plus *cher* possible. — Elles *restreignent* les *salaires* le plus possible.

256. Au fond, la doctrine de J.-B. Say sur les corporations se réduit à dire que ce sont des *coteries* dont les intérêts sont *opposés* aux intérêts de la Nation.

257. Quelques socialistes modernes ont proscrit toutes les associations *partielles*, même la famille (!), comme contraires aux intérêts géné-

nombreux; par exemple : on prendra comme tels les hommes *instruits* (dans le genre dont il s'agit) du territoire (canton, commune...) où l'on se trouve.

254. Liberté absolue de manifester les idées *nouvelles* et de les démontrer doit être laissée constamment, pourvu que la manifestation soit *pacifique*. La vérité finit toujours par l'emporter. — D'un autre côté, tant que la majorité n'est pas convaincue, elle à droit au maintien de la doctrine en vigueur.

On favorise l'*expérimentation* des nouveaux procédés.

255. Un système rationnel de rémunération détermine *a priori*, d'après des données générales, la récompense que mérite le travail ordinaire pendant une journée, pendant une heure...

La récompense, ainsi déterminée, constitue le *maximum* du sacrifice que supportera le Consommateur. — Elle constitue le *minimum* du salaire qu'est assuré de recevoir le travailleur; ou plutôt, elle constitue l'un et l'autre, sans variation sensible.

256. L'association, qui atteindra son maximum de puissance quand elle réunira *tous* les *hommes*, se contracte provisoirement entre les nations avancées, ou plutôt entre les *membres* de la nation avancée dont on s'occupe.

L'intérêt collectif de cette nation est *un*; il sert de base rationnelle aux lois : tous les individus profitent des avantages sociaux; tous supportent les charges sociales.

Faut-il en conclure que les associations *partielles* soient vicieuses?

Pas plus que celles dont on vient de parler.

257. Un sentiment *naturel*, louable par cela même, forme les familles, les liaisons d'amitié, les sociétés particulières, locales, temporaires, scientifiques, pro-

raux de l'humanité, ou du moins de la Nation.

[« Chaque famille doit être gouvernée sur le plan de la *grande famille* qui les comprend toutes. » Montesquieu, IV, 1.]

258. Les ouvriers ne doivent plus faire de *coalitions;* les entrepreneurs ne doivent plus faire de corporations. C. pén., 414 à 416, éditions de 1810, 1849, 1864.

259. La législation industrielle ne produit aucune richesse; elle ne fait que *gêner* la production. [J.-B. Say suppose évidemment que l'auteur de la législation industrielle ignore les vrais principes de l'économie politique.]

« Laissez faire, laissez passer. » (Gournay, Turgot...) [Il fallait ajouter : Percevez les contributions directement.]

ductrices... les races d'hommes parl   .a même langue... les tribus, les nations...

Toutes les associations libres et spontanées sont légitimes en elles-mêmes. Elles ne deviendraient vicieuses que si, poussées par un *égoïsme relatif* qu'on nomme vulgairement esprit de famille, esprit de corps..., elles agissaient dans un sens contraire à l'intérêt universel de l'Humanité.

Sous ce dernier point de vue, la *grande* Société a droit de prendre ses sûretés et de proclamer perpétuellement ses droits. La publicité, l'éducation... viennent à son aide.

258. Dans une société rationnelle, les coalitions sont *superflues*. En effet, la loi détermine la récompense; v. nos 133, 159; elle en assure la perception à tous ceux qui observent les conditions légales. Elle organise une magistrature chargée d'appliquer ces dispositions. Tout associé qui se croit privé de tout ou partie de sa récompense légitime, réclame *publiquement* et librement. Tous ceux qui croient sa réclamation juste l'appuient librement et publiquement.

259. Une loi n'exprime que la volonté, la *pensée* de celui qui l'a faite. Elle est progressive, quand elle émane d'un savant; rétrograde, quand elle émane d'un ignorant, d'un ambitieux. Il est sûr que les *mauvaises* lois *nuisent* à la Production de l'Utilité; mais les *bonnes* lois lui *profitent*. Le législateur qui assure à chaque travailleur la juste rémunération de ses fatigues favorise le développement du travail au plus haut degré.

Instruisez tous les hommes, honorez, récompensez le Travail; ordonnez que tous les oisifs valides collaborent, que toutes les Forces Naturelles soient exploitées; que le Nécessaire soit produit avant le Luxe; constatez les besoins et les ressources; interdisez la destruction de l'Utilité et la Spéculation... n° 282.

260. L'histoire a enregistré une foule de mesures gouvernementales *nuisibles*.

IIe PARTIE.

DISTRIBUTION DES RICHESSES.

XVIII

Source des Revenus.

261. J.-B. Say enseigne qu'on *vit* sur ses revenus; mais il ne définit pas autrement le revenu et n'en explique point la nécessité.

262. Son silence ferait supposer qu'on peut : Vivre indéfiniment d'un travail *accompli*.

263. La terre produit naturellement certains végétaux (1) *tous les ans*, le blé, les plantes an-

(1) C'est probablement dans ce phénomène naturel qu'est le germe des idées vulgaires sur le *revenu*.

260. L'histoire démontre que presque jamais les chefs des gouvernements n'ont été assujettis à faire *preuve* de *science*. L'ignorance des peuples explique ce résultat. Un peuple instruit établit des facultés de sciences morales et politiques ; il n'accepte qu'une constitution favorable à la prospérité commune.

IIe PARTIE.

RÉMUNÉRATION (1) DU TRAVAIL.

XVIII

Jusqu'à quel point la Production d'Utilité doit être périodique.

261. Les *besoins* de l'homme sont périodiques, leur *satisfaction* doit avoir lieu *périodiquement ;* ou l'homme cesse de subsister.

262. La satisfaction des besoins proprement dits, l'alimentation, par exemple, implique consommation (destruction) *périodique* d'une certaine somme d'utilité artificielle. De là nécessité d'un *travail* nouveau, produisant une utilité périodique, n° 271.

Une récolte de blé est bientôt détruite. Supposons qu'elle suffise à l'alimentation générale jusqu'à l'époque de la récolte subséquente ; celle-ci devient alors nécessaire. Si personne n'y travaillait, tout le monde *périrait* à cette époque. — Au fond, l'existence humaine se compose d'une succession indéfinie de travaux productifs et de jouissances destructives. — Si l'on pouvait jouir sans détruire, on pourrait cesser de travailler. Mais la nature s'y oppose : ἀνάγκη.

263. Les Forces Naturelles agissent périodiquement,

(1) La distribution s'opère au *hasard*, à l'aide de la spéculation. La rémunération, œuvre de volonté, se fait après *examen*, selon l'équité. V. n° 7.

nuelles..., et les autres au bout d'une période plus longue. Elle est très fertile pendant la belle saison. Les fruits naturels ou industriels (C. civ., 583) constituent un *revenu* dont le fonds de terre est le capital.

264. Certaines choses durent plus que la *vie* de l'homme; les objets fabriqués avec des métaux, les bâtiments..., sont des capitaux. D'autres durent une ou plusieurs années : les vêtements... D'autres s'anéantissent par la jouissance même : les aliments, les matières combustibles... Ce sont, sinon des revenus, du moins des produits acquis au moyen du revenu. — Enfin certains genres d'utilité se consomment *à mesure qu'ils se produisent* : la musique, la guérison d'une maladie, n° 109. Ce ne sont ni des capitaux, ni des revenus.

265. Les anciens économistes n'admettent ni

parfois à des intervalles très courts. Mais elles sont *insuffisantes*, comme je l'ai démontré, n° 32, pour assurer la subsistance quotidienne de l'homme, et surtout celle d'une population nombreuse. Le besoin d'aliments reparaît tous les *jours*, même en hiver (*Antinomie* naturelle.) La *faim quotidienne* impose un *travail quotidien* aux individus, soit isolés, soit réunis.

264. Au fond, *toutes* les choses se consomment. Les bâtiments les plus solides ont besoin d'être réparés au bout d'un certain temps. Chaque jour, chez un peuple nombreux, amène quelque travail de *re*construction.

D'autre part, dans une Société qui a pour but le maximum de prospérité, le travail doit être CONTINU. (Le pain se fait la *nuit.*)

Néanmoins, je distinguerais, pour plus de clarté, des travaux à *longues* et à *courtes périodes*, et parmi ceux-ci les travaux *quotidiens;* quelques-uns sont à périodes *variables*. Tous sont *corrélatifs* à des *besoins* de même nature.

Les travaux qui produisent une utilité de longue durée, comme la construction des maisons, l'horlogerie..., ne redeviennent nécessaires qu'après de longs intervalles (sous la réserve des réparations d'*entretien*). — Ceux qui produisent une utilité moins durable, comme l'habillement, la culture des plantes annuelles.., doivent s'exécuter plus fréquemment. — Les travaux de médication, de locomotion..., ceux qui ont pour objet de remédier à des maux accidentels, ceux qui produisent une utilité aussitôt anéantie, comme celle d'un concert de musique, reparaissent après des intervalles dont on ne saurait assigner la durée.

Les travaux qui produisent une *utilité quotidienne* sont : la fabrication du pain (boulangerie), la préparation des aliments (boucherie, cuisine...), l'éclairage, l'ensemble des mesures de propreté (balayage, etc.).

265. Le besoin d'utilité *morale* et intellectuelle est

richesse, ni valeur, ni industrie morale ou intellectuelle. Ils n'en parlent pas plus à l'occasion du *revenu* qu'ils n'en ont parlé à l'occasion du capital, n° 42.

266. Selon J.-B. Say, la *source* des revenus est dans les facultés industrielles, les *capitaux*, les *fonds de terre*. [Say fait reparaître ici sa trinité de forces productrices, sans expliquer pourquoi il *répète* à l'occasion des *revenus* ce qu'il a déjà dit à l'occasion des *services productifs*.]

Donc, il admet des revenus formés par le travail d'*autrui*, sans travail personnel, au moins équivalent, de celui qui perçoit.

Les revenus des ouvriers sont leurs salaires.

périodique aussi bien que les besoins matériels. La reproduction de l'espèce humaine enfante des générations nouvelles qui *naissent ignorantes*, au sein de la civilisation la plus avancée; chacune a besoin d'un enseignement nouveau. Le travail d'*éducation* est donc périodique. Il suit le développement de l'enfant, de l'adolescent, de l'homme fait, car on s'instruit *à tout âge*.

Le besoin d'être continuellement informés de ce qui nous intéresse, nous et nos semblables, a créé la *presse périodique*, mensuelle ou quotidienne : travail libéral qui devrait être soumis, ainsi que le suivant, aux mêmes règles que les autres du même genre.

Le besoin de se récréer après le travail justifie les *spectacles* quotidiens, divertissement exquis et même favorable au progrès moral, quand il est l'œuvre d'un homme de génie tel que Molière. V. cep. J.-J. Rousseau, lettre à Dalembert.

266. J'ai déjà dit, n° 79, qu'une seule force productrice, le Travail, opère par la *volonté* de l'homme et *mérite* récompense. Les Forces Naturelles, même devenues capitaux (sauf récompense du producteur), les Forces Naturelles, dis-je, fonctionnent sans qu'il y ait aucun *mérite* de notre part.

Cette proposition est vraie, aussi bien de l'utilité destinée à consommation prochaine que de l'utilité durable.

Si on l'appliquait strictement, la *Prime* perçue par le possesseur d'une force naturelle pour *prix* de sa *tolérance*, et qu'il appelle son *revenu*, n'aurait pas de raison d'être. — En sens inverse, où est, pour le Producteur, le capital qui enfante sa récompense? Say le trouve dans les *facultés naturelles* de l'ouvrier; mais c'est une pure *fiction*. Le principal ne saurait être d'une autre nature que l'accessoire. — Du reste, le salaire est légitimement dû, en vertu du principe de

267. Dans l'état de Communauté sans société, le possesseur d'une terre, d'un capital quelconque *vit sans rien faire* avec la prime qu'il se fait payer par l'industriel qui demande à l'exploiter en travaillant : loyers, fermages, prix de fruits vendus..., intérêts, arrérages, dividendes..., bénéfices provenant d'une entreprise qu'on fait régir *par autrui*. — Les fruits civils sont nécessaires chaque *jour*, ne fût-ce que pour se nourrir (comp. C. civ., 586); mais la perception quotidienne serait incommode : on la rend *trimestrielle*, semes*trielle*, annuelle.

En d'autres termes, les propriétaires fonciers, conservant leur *fonds* par la *force des choses*, appellent « revenu » la prime qui leur *revient*, leur est payée chaque année par le fermier ou (s'ils se font eux-mêmes entrepreneurs agricoles) par l'acheteur de récolte. — Les capitalistes prudents s'efforcent de ménager leur capital comme si c'était un *fonds* de terre, en conservant une créance égale contre un entrepreneur solvable, et de limiter leur dépense au montant des portions de bénéfices qu'ils se font remettre de *temps à autre*.

[Si la prime des propriétaires fonciers est irrationnelle, il est inutile de rechercher si elle se détermine par le prix des *mauvaises* terres (Ricardo) ou par celui des *bonnes* (Storch).]

268. Le revenu des propriétaires de fonds et de capitaux *s'augmente* par le perfectionnement des procédés industriels.

la Rémunération proportionnelle; qu'importe que ce soit ou non un revenu? On le répartit de manière à assurer la satisfaction des besoins journaliers.

267. Dans une société rationnelle, nul ne vit sans travailler *lui-même*; — exceptez les infirmes, qui payent en affection les hommes valides, et que l'association protège. Nul ne subsiste du travail d'autrui sans le payer par un travail *corrélatif*.

Or, *tous* ont des besoins périodiques, des besoins journaliers. Pour les satisfaire, *tous* doivent exécuter un travail journalier, ou du moins *à courtes* périodes, indépendamment de celui qui produit une utilité plus durable. Il est vrai que, pour obtenir un meilleur emploi de leurs forces, ils se divisent le travail entre eux; mais ce n'est là qu'un *échange de devoirs* qui n'atténue pas la portée de l'obligation fondamentale. L'associé qui, à raison de son aptitude naturelle, obtient la concession d'un travail attrayant, produisant une utilité de longue durée, est tenu de travailler, toute proportion gardée, autant que l'associé chargé d'un travail productif d'utilité quotidienne. L'un mérite par là que l'autre le nourrisse.

La possession du sol et des autres forces naturelles ne légitime pas plus la perception d'une prime annuelle ou trimestrielle que le prélèvement d'une somme d'utilité, une fois payée. D'autre part, la Société ne saurait assurer l'*alimentation* quotidienne de ses membres sans l'exploitation annuelle du sol, sans la transformation, en temps utile, des substances animales ou végétales, conservées au besoin jusqu'au moment de la jouissance; enfin, sans une préparation gastronomique de chaque jour, nº 264.

268. Il est peu équitable que les découvertes et améliorations de méthode, opérées par d'*autres*, procurent une récompense à celui qui n'exécute *aucun*

269. Il s'augmente par la *concurrence* des ouvriers qui travaillent moyennant un prix fixe et se nuisent par leur nombre même.

Réciproquement, il diminue avec la *raréfaction* (?) des ouvriers.

270. Il y a des travaux *ingrats* et d'autres *fructueux*. Celui qui, tout d'un coup, trouve un très gros diamant fait un gain énorme; celui qui, après de longues recherches, n'en rencontre qu'un très petit est fort mal récompensé; Destutt-Tracy. [Cet auteur a découvert ou reconnu que toute utilité vient du travail. Il n'a pas deviné le principe de la rémunération proportionnelle au *mérite réel*.]

271. Le revenu d'une nation est égal à la somme des revenus particuliers, c'est-à-dire des *profits* provenant des services productifs des hommes, des capitaux, des fonds de terre.

[Il n'y a de réel là dedans que l'utilité nouvelle créée par les services productifs, c'est-à-dire par le travail.]

travail et, par conséquent, n'applique point ces améliorations.

Il est tout simple, au contraire, qu'elles profitent *à tous*, sous la réserve de la récompense due à l'auteur.

269. Il est fâcheux que le nombre des travailleurs *diminue* leur récompense légitime ; — il est irrationnel que cette diminution profite à ceux qui ne font *rien* (ou rien que d'agréable) et leur confère une sorte de récompense indirecte de leur oisiveté ; il est singulier que le bénéfice d'un associé croisse *sans* qu'il ait *créé* un *atome* d'utilité de plus ; son travail est même devenu moins productif, faute de collaborateurs.

Au contraire, plus les *associés* laborieux et instruits sont nombreux, plus la somme de l'Utilité artificielle s'accroît ; — elle diminuerait dans l'hypothèse inverse.

270. La récompense est fondée sur le *mérite*. Le mérite est dans l'action de la *volonté* qui brave une *fatigue*, et non dans l'action du *hasard* qui fait découvrir un trésor. Réciproquement, le mérite n'est pas moindre parce qu'un sinistre est venu détruire l'utilité produite. (*Gloria victis!*) Donc la Société, qui a besoin d'utilité artificielle et veut le bien-être de tous ses membres, doit récompenser le travail exempt de *faute*, abstraction faite des succès ou insuccès *involontaires*.

271. Dans un sens large, le revenu d'un peuple se compose de la somme d'utilité *artificielle* qu'il produit *chaque année*. Son capital est la somme d'utilité artificielle antérieure qu'il *conserve* et qui s'augmente, au bout de l'an, de la portion non consommée.

En termes plus conformes au langage vulgaire, le Revenu est la somme d'utilité artificielle destinée à une *consommation* immédiate ou *prochaine* (denrées, substances alimentaires). Le Capital est l'utilité *durable* (1) :

(1) Opposé à Forces Naturelles, le mot Capital désigne toute chose qui a reçu du Travail un complément d'utilité.

272. La perte fortuite d'un objet tombe sur l'individu qui se trouve en être possesseur. *Res perit domino.*

XIX

Distribution des revenus.

[ou plutôt : Distribution du prix d'un produit entre les producteurs *successifs*.]

273. Tout entrepreneur paye : 1° le salaire fixe de ses *ouvriers*; 2° le prix fixe (loyer, fermage, intérêt...) exigé par le *propriétaire* de la force naturelle ou du capital qu'il exploite. — Mais, si la matière à laquelle il applique son industrie (ou celle de ses ouvriers) a déjà été élaborée par un ou plusieurs entrepreneurs successifs, cas bien fréquent, il paye en outre : 3° le prix fixe exigé par l'entrepreneur qui l'a immédiatement précédé; — celui-ci a dû rembourser son *prédécesseur*, et ainsi de suite (Le boulanger rembourse le meunier qui rembourse l'agriculteur...) — Le *consommateur* rembourse le dernier entrepreneur (le boulanger) qui lui livre le produit dans l'état où on peut en jouir.

274. Le producteur qui livre le produit définitif au consommateur profite de la *hausse* ou souffre de la *baisse*. — Chacun des producteurs successifs gagne ou perd de la même manière par rapport à celui qui le *suit*. — L'*insolvabilité*

fonds défrichés, prêts à recevoir la culture annuelle; maisons, magasins, voies de communication, matériaux, meubles...

272. Les pertes fortuites diminuent le revenu *national*. La Société ne doit pas profiter des *malheurs* qu'elle ne saurait imputer à la faute de ses membres. V. n° 300.

XIX

Comment récompense-t-on les associés qui ont successivement collaboré au même produit.

273. L'hypothèse d'une société véritable exclut toute spéculation réciproque. Les producteurs successifs des *diverses* portions de l'utilité (blé, farine, pain...) sont aussi bien *associés* que les producteurs qui travaillent à la même portion (blé...). Les agriculteurs, meuniers, boulangers... ne doivent pas plus se faire la guerre que les laboureurs et les moissonneurs. Ils ne profitent point de circonstances *fortuites* (disette de blé, diminution de bras...) pour augmenter leur récompense particulière au *détriment* de leurs collaborateurs... qui leur rendraient la pareille quand le hasard les favoriserait.

Tous exécutent leur contingent raisonnable de travail; tous réclament ensuite leur rémunération réglée d'après le principe de l'équité, c'est-à-dire de l'égalité (*æquum*, égal).

274. Nul associé ne peut, sous prétexte qu'il en *précède* un autre dans l'ordre naturel de la Production (comme le meunier précède le boulanger), faire peser les *risques* (par exemple si le pain brûle dans un incendie) sur l'associé qui le *suit* et se faire payer par lui sa propre récompense, à tout événement.

d'un entrepreneur rejaillit sur ses ouvriers et ses bailleurs de fonds; — elle rejaillit sur l'entrepreneur précédent s'il a vendu à crédit.

275. C'est la *nature* des choses qui produit les cas fortuits, la disette ou l'abondance... Que les perdants s'en prennent à elle; les gagnants la remercieront.

276. C'est à l'entrepreneur de *s'informer* de l'étendue des débouchés. Il est en faute si, pouvant s'en informer, il a fait exécuter une quantité de produits excessive qu'il ne peut écouler sans perte. Il est en faute s'il n'a pas profité de la totalité des débouchés et réalisé tout le bénéfice possible.

S'il ne peut obtenir d'informations assez sûres, qu'il s'abstienne ou qu'il coure les *chances*.

277. L'*individu* s'approprie légalement le *gain* quand il s'expose à la perte. V. C. civ., 1104, 1964.

Nul associé ne peut, sous prétexte qu'il en *suit* un autre dans l'ordre de la Production (comme le boulanger suit le meunier), absorber les bénéfices *éventuels* (par exemple si le pain devient rare) en abusant de la nécessité où se trouvent, soit l'associé qui le précède, soit le consommateur.

275. L'immense avantage de l'association est de rendre les pertes moins sensibles en les répartissant sur un grand nombre. Il est vrai que les *bénéfices* causent un plaisir moins vif; mais nul ne saurait se plaindre de ce que sa quote-part est petite, si nul autre n'en obtient une plus forte que lui. La Société profite de la masse d'Utilité produite par l'universalité de ses membres. Elle prend à sa charge les sinistres de toute sorte et l'insuccès qui n'est pas imputable à une faute individuelle.

276. La Société a une puissance de vérification bien plus considérable que les individus, n° **141**. Par suite, elle prend à sa charge la *non-réussite* des travaux accomplis avec son approbation.

Exemple : le boulanger s'informe auprès de l'agent officiel combien de kilogrammes de pain sont nécessaires dans le territoire qui lui est assigné. L'indication officielle en réclame mille, par suite d'une erreur de statistique : il n'en fallait que 800. La perte de 200 kilogrammes ne saurait être imputée au boulanger. Si le statisticien n'est pas non plus en faute, la perte est pour la Société. Au contraire, si le boulanger, officiellement informé de la nécessité de mille kilogrammes, en fabrique 1,200, il commet une faute et n'a pas droit à récompense pour les 200 d'excédant. Tant pis pour lui s'ils périssent sans profit pour personne.

277. La spéculation ne produit qu'un *déplacement* d'Utilité; elle n'augmente en rien la prospérité publique. Elle est même nuisible en ce qu'elle développe

278. Le gouvernement, qu'il représente ou non la société, *n'est pas tenu* de veiller à ce que l'on produise la somme d'aliments indispensable pour nourrir tous les individus, sans exception.

279. Il s'en remet à l'*intérêt* personnel et aux *lumières* des entrepreneurs. S'ils ignorent la quantité voulue, ils portent la peine de leur ignorance..., ainsi que les individus affamés.

280. Le remboursement fait par le consommateur au producteur qui lui livre le produit, par ce dernier au producteur qui le précède, et ainsi de suite en remontant, constitue un procédé *commode*, — *logique*, puisqu'il s'est établi naturellement, — pour opérer la répartition des richesses.

la cupidité naturelle; les gagnants ne s'arrêtent guère que lorsqu'ils ont tout reperdu. Les intermédiaires qui ne participent pas au jeu, gagnent seuls : ils prélèvent un courtage.

Les producteurs successifs sont *associés* et non collaborateurs fortuits. S'ils manquent à leur devoir, ils répondent de leur faute. S'ils ont accompli leur tâche, ils jouissent de la prospérité commune.

278. Des entrepreneurs non associés peuvent, en fait, n'avoir pas assez fabriqué d'aliments. — Bien mieux, leur intérêt s'y oppose, quand les individus qu'il s'agit de nourrir sont trop *peu solvables.*

Une Société prévoyante ne s'arrête pas devant cet obstacle. Elle désigne aux individus valides le travail dont elle a besoin; elle en recueille l'utilité et se charge de récompenser les producteurs alimentaires.

279. La Société seule peut réunir des documents assez sûrs et assez nombreux. *Courtier universel*, elle charge un fonctionnaire spécial, placé au centre du territoire dont on s'occupe, de recevoir toutes les déclarations de besoins alimentaires. La somme est publiée par ses soins et répartie entre les producteurs qui se sont fait connaître ou qui sont requis. Ce procédé paraît aussi efficace qu'indispensable pour assurer la subsistance commune; personne désormais n'est exposé à mourir de *faim*, par suite de l'organisation vicieuse de la Production.

280. Il est toujours plus simple de laisser marcher les choses au *hasard* que d'organiser une réforme *rationnelle*. Mais qu'importe, si l'équité est satisfaite? si l'on obtient, à l'aide de la réforme, des avantages plus grands, plus durables que ses inconvénients transitoires?

Quant à la commodité du procédé vulgaire, elle paraîtra illusoire ou exagérée, si l'on songe au nombre incroyable de *négociations* préliminaires, de pourpar-

281. Le stimulant du *besoin* presse le consommateur; le stimulant de l'*intérêt* presse les producteurs successifs. [Au fond, c'est le besoin de l'espèce d'utilité qu'ils veulent acheter avec le prix de leur travail.]

XX

Causes qui influent sur les revenus

[ou plutôt sur la production en général; causes qui la rendent plus ou moins fructueuse]

282. Trois causes principales influent sur les revenus :

1° *Civilisation* de la population environnante;
2° *Activité* productrice de cette même population;
3° *Baisse* des prix de revient.

Du reste, ce sont là des phénomènes qui se produisent spontanément; chaque individu se tire d'affaire comme il peut; il ne faut pas qu'il compte sur l'intervention de la masse.

lers, de précautions, de renseignements indispensables; à la foule des courtiers, des *intermédiaires* de toute sorte...

281. Le stimulant de l'intérêt est aussi puissant sous le régime progressif que sous le régime actuel. En revanche, il est tempéré par l'Education générale. Aussi agit-il dans le sens de l'équité et se trouve-t-il en harmonie avec tous les sentiments sympathiques. L'associé jouit de la prospérité de ses *semblables* en même temps que de la sienne propre. Jamais il ne souhaite la disette qui le fait souffrir comme les autres; il souhaite l'abondance, dont il prend sa part. L'ennui et la fatigue du travail sont moindres, parce qu'ils sont également *partagés*.

XX

Conditions voulues pour que la Production d'utilité (et, par suite, la prospérité générale) atteigne son plus haut degré.

282. La Société obtient la plus grande somme d'Utilité (et même de prospérité) lorsqu'elle satisfait à toutes les conditions voulues par le dernier état de la science. Je les indique ici de nouveau :

1. *Éducation* universelle des associés.
2. *Collaboration* perpétuelle des associés valides.
3. *Distribution équitable* du travail, par réquisition ou concours.
4. *Rémunération équitable* du Travail.
5. *Honorabilité* du Travail.
6. *Exploitation* perpétuelle de toutes les Forces Naturelles non affectées à la jouissance.
7. *Graduation* du Travail (Nécessité, Utilité, Luxe).
8. *Statistique* universelle et perpétuelle des besoins et des ressources.

Au fond, la civilisation équivaut à l'éducation; elle implique l'honorabilité; — l'activité productrice équivaut à la collaboration, combinée avec l'exploitation des agents naturels; — la baisse suppose une rémunération suffisante et absence de spéculation.

283. Il est impossible qu'un peuple se civilise au point d'atteindre la *perfection*.

284. (1°) S'instruit qui le *peut*; s'instruit qui le *veut*. — Suivant quelques-uns, l'instruction primaire est un *fléau*.

9. *Conservation* de l'Utilité dont la consomm. imméd. n'importe pas à la prospérité commune.
10. *Distribution équitable* des pertes et profits. (*Assurance mutuelle* contre les pertes.)

Les anciens économistes ont entrevu la vérité. Mais ils se préoccupent toujours de l'hypothèse au milieu de laquelle ils vivent : Communauté formée primitivement par le *hasard* et par la *force* entre individus qui agissent pour eux seuls, dont la plupart ignorent l'énergie d'une coopération universelle, fondée sur le consentement mutuel et réglée par l'équité. Les individus qui, à l'aide d'une éducation soignée, devinent la puissance de l'association, la repoussent par égoïsme ; ils aiment mieux rester maîtres, légalement parlant, d'un fragment de la sphère terrestre, de bâtiments, de végétaux, de meubles produits par un travail antérieur, ordinairement émané d'autrui ; ils aiment mieux spéculer sur l'ignorance de la multitude.

Plaçons-nous dans l'hypothèse inverse. Tous veulent le bonheur de *tous ;* chacun veut le bonheur des *autres* en même temps que le sien propre. La somme des efforts communs tend à produire le développement physique, moral et intellectuel de tous et de chacun. Une société fondée sur cette base adopte *librement* le programme qu'elle *croit* conforme à la science nouvelle.

283. On peut perfectionner sans cesse, indéfiniment, n° 13. — Je donne mon énumération comme *provisoire.* Elle est subordonnée aux progrès scientifiques ultérieurs, que l'on doit suivre constamment après constatation raisonnée.

284. C'est le progrès de la *science* qui constitue le progrès social ; c'est sa *diffusion* qui constitue le progrès égalitaire. La Société procure à tous les hommes doués de raison la *faculté* de s'instruire. Elle refuse sa protection à ceux qui *veulent* demeurer ignorants.

285. (2°) Quand un producteur est forcé d'abandonner son industrie, il est en général *hors d'état* d'en entreprendre une *nouvelle,* faute d'instruction.

286. Celui qui sait *se contenter* de ce qu'il a s'abstient de travailler.

287. (3°) Ceux qui travaillent subissent des conditions onéreuses s'ils sont *nombreux.* Il en résulte une baisse des prix de revient.

288. Réciproquement, ils abusent parfois de circonstances étrangères à leur mérite pour exiger un salaire *exorbitant.*

289. Le producteur, *ignorant* combien de demandes se présenteront, fabrique à tout hasard de nouveaux produits.

290. Les anciens économistes supposent, ou semblent supposer, par leur silence, qu'il est indifférent au progrès de l'industrie que les oisifs s'abstiennent de produire ; que les producteurs soient *humiliés* et *ignorants ;* que les travaux les plus nécessaires, comme l'agriculture, soient les plus *mal payés ;* que les fonds et matières premières restent *inexploités* ; que le caprice puisse *détruire* l'Utilité ; que les producteurs soient exposés aux pertes *fortuites...*

285. Elle fait donner à *tous* ses membres une éducation générale qui facilite le passage d'un certain genre de production à un autre. — En principe, on ne se contente pas d'une éducation spéciale trop restreinte. On en acquiert plusieurs du même genre, afin de les pratiquer tour à tour. Le peintre étudie la gravure, la sculpture, l'architecture...

286. Nul associé valide n'a le droit de *refuser* sa collaboration. S'il préfère l'inertie, qu'il renonce aux avantages sociaux.

287. La Société assure une récompense à tous ceux qui remplissent leur *devoir*; leur nombre ne diminue point leur mérite. Elle n'achète point la prospérité des uns par la souffrance des autres. Tous courent les risques; tous participent aux chances favorables.

288. L'associé, même en faisant son devoir, ne peut exiger une faveur qui nuirait à ses coassociés. La récompense ne dépasse pas le mérite.

289. La Statistique officielle énumère les besoins et les produits corrélatifs. Elle avertit les producteurs; elle garantit leur rémunération, s'ils se renferment dans les limites officielles.

290. Nul ne travaille avec plaisir pour des égoïstes qui froissent son amour-propre d'une manière quelconque, qui jouissent des *délices* de la paresse (Figaro), qui reculent devant le péril, le dégoût, la fatigue.

L'ignorant travaille *mal*.

On ne fait rien avec rien; les fonds, les capitaux oisifs n'engendrent aucun revenu.

L'Utilité durable ne procure de jouissance qu'autant qu'on la conserve.

Nul ne produit avec ardeur s'il craint de perdre, s'il a déjà perdu infructueusement ses peines.

XXI

Revenu des industrieux.

[Profits des entrepreneurs, fermiers, manufacturiers ;... — salaires des ouvriers...]

291. Les industrieux (ceux qui tirent leur revenu de leurs facultés industrielles) se divisent en deux classes : 1° ceux qui travaillent pour *leur* propre *compte ;* 2° ceux qui travaillent pour le compte d'un *entrepreneur*. — Travailler *pour le compte* d'un individu, c'est lui livrer une certaine somme d'utilité qu'on a élaborée, pour un prix fixe, tel que l'individu (entrepreneur, acheteur) ait chance de se faire payer un prix *plus considérable* (sans limite précise) par le consommateur.

292. Il faut *unité* de vues dans la production. L'entrepreneur fait converger les opérations de ses agents vers le même *but*.

293. Il faut que le plus capable (?) *instruise* les autres et *décide* les difficultés. — Du reste, inutile (!) de soumettre les capitalistes à des *épreuves* scientifiques : l'entrepreneur se présente lui-même.

294. L'Entrepreneur *choisit* les ouvriers les plus capables, les meilleurs instruments. Son intérêt l'éclaire.

XXI

Comment sont récompensés les producteurs effectifs d'utilité véritable, en général, le Directeur d'ensemble, en particulier.

291. Dans une société rationnelle, nul ne travaille pour le compte d'un *individu*. Tous les associés valides travaillent pour le compte de la *Société*, c'est-à-dire pour eux-mêmes et pour les autres.

Il est vrai que l'utilité créée par l'un s'échange contre l'utilité créée par l'autre. Mais leur récompense est évaluée d'après la même mesure.

La récompense est *proportionnelle* au *mérite* du travail.

Elle est égale à la *valeur* de l'utilité produite par le travail.

La valeur d'un produit est égale à la somme d'*utilité* qu'on peut produire par un travail *équivalent* (en mérite, sinon en durée).

292. Il est bon que l'un des collaborateurs dirige l'ensemble des opérations. — Mais il n'est point indispensable que ce soit toujours *le même*; encore moins qu'il soit *mieux* récompensé; encore moins qu'il recueille un bénéfice *sans limites*.

293. Mieux vaut une association de collaborateurs également capables qu'une association d'hommes incapables dirigés par un seul capable. Ce dernier ne saurait avoir l'œil à tout. — La capacité n'est pas inhérente à la possession d'un capital; elle s'acquiert par le travail; elle se constate par une vérification publique. — La majorité décide les difficultés que ne tranchent pas les lois générales.

294. Le stimulant de l'intérêt personnel ne vaut pas une *vérification publique* de capacité par plusieurs juges. Une antipathie mal entendue trompe parfois. — L'étude est nécessaire pour connaître les instruments,

295. Les ouvriers ont besoin d'une *surveillance* active et même (si l'on admet que leur instruction soit inutile ou pernicieuse) d'une autorité qui leur *commande* ce qu'ils ont à faire.

296. Le consommateur veut que quelqu'un soit *responsable* envers lui. — Il désire traiter avec un intermédiaire *agréable*, muni d'une éducation analogue à la sienne.

297. Il faut un capital pour produire, et, par suite, un *capitaliste*, soit qu'il engage ses propres fonds, soit qu'il ait assez de crédit pour emprunter ceux d'autrui.

298. Aussi le droit de l'entrepreneur est presque toujours fondé sur la possession d'un *capital* (ou d'une terre) d'où est dérivée une *éducation* plus complète.

299. Somme toute, l'entrepreneur recueille un bénéfice *illimité*. Il s'approprie tout l'argent que le défaut de concurrence lui permet d'obtenir du consommateur, déduction faite : du *salaire fixe* des ouvriers, du prix que lui ont coûté les matières premières et instruments, du *loyer* (ou fermage) qu'exige le propriétaire de l'immeuble, de l'*intérêt* qu'exige son bailleur de fonds pour le prêt du capital. — En d'autres termes, l'*entrepreneur* des anciens économistes

295. La communauté d'intérêts entre les collaborateurs garantit qu'ils se surveilleront eux-mêmes. Ils ne seront *point humiliés* les uns par les autres ; s'ils deviennent *amis*, ils réussiront encore mieux. L'éducation les *moralise*.

296. La responsabilité de *tous* les collaborateurs offre plus de sûreté que celle d'un *seul*. — L'éducation universelle introduit l'*aménité* dans les relations. Le travail du *courtier* demande une aptitude spéciale.

297. Il n'est point indispensable que le Capital appartienne à *un* seul des collaborateurs. — D'ailleurs, la nécessité d'un capital, je l'ai déjà démontré, nos 57, 62, n'est autre chose que la nécessité d'une *association* entre plusieurs hommes dont les uns produisent les vivres, d'autres fabriquent les instruments auxiliaires, d'autres encore coopèrent à la production de l'utilité dont il s'agit.

298. La distinction vulgaire des producteurs pour leur propre compte et des producteurs pour le compte d'autrui est une suite de l'*inégalité* sociale. Elle s'explique de même, nos 198, 315 ; elle se corrigera de même par des concessions réciproques : que les ouvriers *s'instruisent* et fassent instruire leurs enfants ; que les patrons les *y aident*.

299. Nul associé n'a droit d'être rémunéré d'après des principes *différents* de ceux qui s'appliquent aux autres associés, nos 132-133. Le Directeur d'ensemble n'a droit à aucun privilège ; il doit travailler autant que les autres. Mais il y a quelque chose de plus *agréable* dans la Direction générale des opérations que dans l'exécution d'un détail restreint ; il devrait donc plutôt se contenter d'une récompense moindre.

S'il possède un talent *naturel*, il en profite dans les concours ; il recueille ensuite les louanges que lui décernent naturellement les autres hommes.

n'est pas seulement ce que j'appelle un *Directeur d'ensemble*, c'est encore un *Spéculateur*.

300. L'absorption des bénéfices par l'entrepreneur est d'autant plus équitable, qu'il est forcé de subir *toute la perte*. — Cette perte ne peut retomber sur les ouvriers, sur les propriétaires ou capitalistes bailleurs de fonds, que s'il devient insolvable. [Cependant, le *fermier* a droit à une remise, quand la moitié de la récolte est enlevée par des cas fortuits, C. civ., 1769-70, s'il ne les a pris à sa charge, 1772 et 1773, *in f.*]

301. L'entrepreneur négligent ne répond de l'insuccès causé par sa faute, qu'envers *lui-même*. Cependant, en cas de faillite, la perte retombe sur les ouvriers; elle retombe aussi sur les bailleurs de fonds.

302. Si l'entrepreneur réussit mieux que ses concurrents, par le fait de ses ouvriers, il recueille l'*honneur*, par exemple les décorations; il peut strictement leur refuser un accroissement du salaire convenu.

Dans aucun cas, il ne doit *spéculer* sur le travail de ses collaborateurs.

300. On ne justifie point une iniquité par une autre. Il est injuste de faire profiter du succès un seul des associés, quand même il consentirait à *souffrir seul* de l'insuccès, ce qui n'est pas moins injuste, hors le cas de faute. — La Société n'encourage point les spéculations aléatoires; elle prend les cas fortuits à sa charge. Cela est surtout vrai du travail *agricole*, qui est fort pénible. Pourquoi les inondations, la grêle, la gelée, les orages ruineraient-ils les seuls agriculteurs? ils ne doivent pas souffrir de ce qu'ils ont été chargés de produire du *blé* plutôt que des maisons ou des meubles.

301. Le Directeur d'ensemble est *tenu* de *travailler* comme les autres, et il ne saurait s'en dispenser en *offrant* de prendre les risques à son compte. (Le contrat de société n'est pas *aléatoire*.) Sa faute n'est pas atténuée par ce fait que, s'il perd toute sa fortune, les risques retomberont sur des agents prétendus subalternes et sur des prêteurs de monnaie.

302. Il est inique de s'attribuer ostensiblement *tout* le mérite et le profit de la victoire, alors qu'elle était impossible à remporter sans le secours des soldats, qui ont couru le principal danger.

Il ne faut pas que le Directeur d'ensemble soit récompensé par une satisfaction d'orgueil, d'ambition, de cupidité; ce qui entraîne développement des mêmes passions chez les collaborateurs, avec mécontentement provenant de l'humiliation, de l'oppression, du dénuement relatif... (1).

(1) L'association offre de bien grands avantages; elle n'est pas sans *inconvénients*. Elle fournit un aliment au désir de *commander*, de recevoir des *louanges*, de vivre au milieu du *faste*... On voit par là ce qu'il y a de vrai dans certaines déclamations contre l'état social (J.-J. Rousseau...) ou en faveur de la retraite (La Fontaine, Horace).

303. Sous le régime de l'agrégation fortuite, on s'efforce de ne pas rester *ouvrier* et de devenir *entrepreneur*, surtout avec capital. — L'entrepreneur *sans capital* n'est guère qu'un régisseur, un premier commis, un surveillant..., parfois un courtier, un ouvrier embaucheur...

304. Un homme devenu capable, à force d'étude, de diriger une entreprise, reste souvent inactif, *faute de capital;* — quelquefois, faute d'ouvriers qui lui laissent une prime suffisante. Il faut d'ailleurs qu'ils lui plaisent ou l'acceptent pour patron.

L'homme qui a reçu un certain degré d'éducation, a *honte* de se faire simple ouvrier; il aime mieux souffrir le besoin; il va jusqu'au suicide.

L'homme valide, capable d'exercer un métier, reste inactif, faute d'un *entrepreneur* qui l'emploie. A-t-il quelques économies, il exécute de *petites* entreprises; il se fait *tâcheron* (ou entrepreneur au petit pied); il *spécule* sur ce que ses camarades n'ont pu trouver d'ouvrage, faute de relations.

Faute de *débouchés*, entrepreneurs et ouvriers restent inactifs.

303. Sous un régime rationnel fondé sur l'*égalité* sociale, rémunérant le mérite d'après des principes fixes, il est indifférent, en général, d'être Directeur d'ensemble ou Producteur d'un *fragment* de produit. Ce dernier travailleur a droit à l'*Éducation* générale comme les autres associés. Il est *honoré* comme le Directeur d'ensemble, affranchi de toute *humiliation*, quelque répugnante que soit la besogne.

304. Les associés travaillent à acquérir l'*instruction* générale et spéciale que leur offre, que leur impose, au besoin, la Société. — Ceux qui, par leur *faute*, n'étudient pas, s'exposent, par leur *faute*, à ne pouvoir concourir pour les travaux recherchés. — Ceux qui possèdent l'éducation voulue concourent. Ils obtiennent ainsi les directions d'ensemble dont la Société a besoin, par exemple, pour l'exploitation en grand des terres, des mines (agriculture superficielle ou souterraine)... Les vainqueurs recueillent ainsi des louanges pour leur talent, mais non ces richesses, ce pouvoir qui développent la cupidité et l'ambition. Les vaincus ne peuvent imputer leur défaite qu'à leur faute, et non au défaut de naissance ou de crédit ; la Société les protège, d'ailleurs, contre les abus de supériorité ; en supposant qu'ils n'aient pu réussir dans quelque industrie différente, ils ne sont jamais réduits à se tuer pour ne pas mourir de faim.

L'associé valide qui manque d'occupation s'adresse au statisticien officiel et obtient sur-le-champ de l'ouvrage. Il se tient prêt du reste à exécuter, sur réquisition officielle, la production jugée nécessaire.

Dans ce système, un associé quelconque est sûr de ne jamais manquer de récompense, car il est sûr de ne jamais manquer de travail. La Société a toujours besoin d'utilité *artificielle;* par suite, elle a toujours besoin de travailleurs. — Il est vrai qu'elle peut arriver à posséder le *Nécessaire* (pour tous ses membres);

305. J.-B. Say constate que les *savants* (aj. n°s 309 et 310) gagnent *moins* que les entrepreneurs d'industrie. Cela tient, selon lui, à ce que les hommes, éclairés *une fois* par un savant, jouissent désormais gratuitement de la science qu'ils ont acquise, sans avoir besoin de l'acheter une seconde fois.

306. Les anciens économistes, gênés par le mot « industrie » et par des préjugés politiques, n'ont pas su où colloquer le travail des *généraux*, des *fonctionnaires* publics... Say fait seulement observer que ces derniers ont un revenu fixe. Ajoutons que leur *vieillesse* est mise à l'abri du besoin. V. n° 323.

307. Il faut que les hommes d'État, chargés du gouvernement, perçoivent de *gros* traitements, des dotations, des listes civiles; qu'ils portent des décorations, des croix (!); qu'ils possèdent de *riches* vêtements, des *palais*, des parcs, des forêts... Ils inspirent alors du *respect*

mais alors elle travaille à acquérir le *Comfortable*. Possède-t-elle le *com*fort? Elle travaille à se donner les raffinements du *Luxe* rationnel (pour tous ses membres), ce qui comprend avant tout les jouissances scientifiques, artistiques et littéraires. Et, comme la science est *indéfiniment* perfectible, il reste toujours quelque chose à faire.

305. La Société est intéressée à l'accroissement indéfini du Capital scientifique. Donc elle doit récompenser les travaux des savants, comme tous les travaux utiles et d'après les mêmes bases. En cas de découverte, on ne tient pas seulement compte du dernier effort qui l'a produite, mais de toute la série des labeurs, des tentatives *sérieuses* faites par l'inventeur. Les découvertes d'une utilité extraordinaire donnent droit à l'estime, aux *louanges*, parfois au titre de bienfaiteur de l'Humanité. Cela même s'oppose à ce que les savants revendiquent une récompense *utile* trop considérable. D'ailleurs, il y a du plaisir à rechercher la Vérité.

Le *danger* de certaines expériences motiverait une exception en faveur de ceux qui le bravent.

306. L'expression « Travail utile » comprend la guerre défensive, nº 41, et la gestion des fonctionnaires *civils*, nº 42.

La théorie des récompenses n'admet pas de règles exceptionnelles au profit des *soldats* ou des magistrats quelconques.

Toutes les infirmités sont secourues *au nom* de la Société.

307. Le travail utile accompli par les militaires et les gouvernants mérite d'être rémunéré comme tout autre ; — sauf une diminution en raison des satisfactions d'amour-propre, du *plaisir* de faire prévaloir ses idées ou sa volonté ; — sauf une augmentation en raison des *dangers* de la guerre civile ou extérieure.

Le magistrat mérite le respect par sa fermeté à rem-

par le luxe, de l'*affection* par les libéralités qu'ils sont à même de distribuer. Ils ont plus de *force* pour maintenir l'ordre.

Napoléon le Grand disait au Conseil d'État (Mignet, d'après Thibaudeau), en proposant une *légion* (!) d'honneur : « C'est avec des hochets » que l'on *mène* les hommes... Voyez comme le » *peuple* (!) se prosterne devant les crachats des » étrangers... » Du reste, il donnait des *traitements* (!) à ses légionnaires (auj. 20 millions par an).

[La loi sur la Légion d'honneur ne la qualifiait point d'*ordre* de chevalerie ; elle n'admettait point de *décoration*, ni de *croix*, ni de *chevaliers* ; elle instituait des command*ants* et non des command*eurs* ; point de *grand'croix*, de grands *cordons* ; le total n'excédait pas 6,105... Loi du 29 floréal an X, 1802.]

308. On excepte volontiers les fonctionnaires *électifs* : ils sont *gratuits*. V. C. comm., 628 ; lois électorales antérieures à 1848 (2e républ.).

309. Les *beaux-arts*, la poésie, l'érudition, certaines sciences peu cultivées, mais curieuses...,

plir son devoir, sa douceur et son aménité dans l'exercice habituel de ses fonctions.

Les récompenses honorifiques (je l'ai dit il y a 40 ans) doivent être décernées après verdict d'un JURY déclarant constant l'acte méritoire (arg. d'analogie avec le droit criminel). On les réserve au *savoir*, aux *vertus* (loi du 29 floréal an X, 1, 10, 16), aux services *éclatants* (Constitut. de l'an VIII, 87). Il est difficile d'admettre que *cent mille* hommes (!) à la fois en soient dignes. L'utilité des décorations est douteuse : la foule est trop portée à prendre le *signe* pour le mérite et l'*absence* de signe pour l'absence de mérite. Il faudrait d'ailleurs (nonobst. Thiers, décoré de la *Toison d'or!*) autant de signes que de *mérites* différents. — L'entretien *matériel* des hommes dignes d'être honorés rentre dans l'application des principes généraux, d'autant mieux que la Société prend à sa charge les *infirmes*.

Quant à la *force politique*, elle se rencontre au plus haut degré dans l'association. La volonté du plus grand nombre d'hommes est servie par le plus grand nombre de bras. Cette force immense agit au profit de la Société, et non au profit d'un *homme*, d'une *famille*, d'une *coterie*. Du reste, elle est, le plus souvent, dispensée d'agir, par le développement moral et intellectuel qu'engendre l'Education universelle.

308. Nul ne saurait subsister s'il est privé du Nécessaire, fût-il chargé de voter les lois, de juger les procès...

On peut admettre une exception, comme mesure *transitoire*, si la Communauté fortuite se convertit en Société volontaire et équitable : les Capitalistes qui vivent de leur revenu remplissent gratuitement l'obligation du Travail.

309. Les plaisirs de l'imagination, de la difficulté vaincue... sont une récompense et un stimulant *natu-*

obtiennent souvent des encouragements spéciaux (qu'on n'accorde pas à l'éducation proprement dite).

310. Le génie, le talent *naturels*... veulent des appointements, des gratifications considérables. — Les hommes robustes de corps et faibles d'esprit, semblent destinés par la *nature* à servir (!) ceux qu'elle a dotés d'une forte intelligence. Aristote, I, *Polit.*, 3 et 4.

311. Les gens *de métier* obtiennent un salaire plus élevé que les hommes *de peine* ou manouvriers, parce qu'ils ont fait un *apprentissage* et que leur service exige plus d'intelligence et d'adresse naturelle que le travail des manouvriers (J.-B. Say). — Les uns et les autres restent souvent dénués de moyens de subsistance dans leur vieillesse.

Les hommes (et femmes) sans éducation sont souvent malpropres, grossiers; beaucoup finissent par tomber dans le désordre, par commettre des *crimes*. Ils interviennent *violemment* dans les luttes politiques, prennent parfois pour victimes leurs propres partisans, incendient les œuvres d'art dans l'exaspération de la défaite (1)... De là, sans doute, les mots : canaille,

(1) Quand des chasseurs mettent un tigre dans l'impossibilité de s'échapper, l'animal, réduit au désespoir, se jette sur l'un d'eux et le déchire, avant de succomber sous les coups des autres.

rels. Ce stimulant, joint au désir de la gloire, n'attire que trop d'hommes *médiocres* vers les études agréables. Loin d'y ajouter un salaire exceptionnel, la Société fait bien d'exiger une *vérification* publique du talent des aspirants, surtout si elle a besoin de bras pour l'industrie proprement dite.

310. L'histoire prouve que les dispositions naturelles agissent même sans l'impulsion de la cupidité ou de l'ambition. Elles ne constituent point d'ailleurs un mérite véritable, mais un *avantage* fortuit, qui, combiné avec l'étude, triomphe dans les concours. Que l'homme de talent travaille! Il méritera le salaire normal et les louanges de *tout un peuple* (!!). Mais qu'il renonce au faste et au despotisme.

311. L'équité ne permet pas d'établir législativement entre les hommes des distinctions qui ne sont point dans la nature. L'équité ne permet pas de maintenir des distinctions enfantées par l'*ignorance* primordiale, par la guerre et les injustices qui l'ont accompagnée.

L'intelligence naturelle est un *avantage* précieux; elle n'est pas plus que la beauté, la force... un *mérite* digne de récompense. — Rien ne prouve que les pauvres condamnés au rôle d'homme de peine aient un *cerveau* plus mal organisé que les riches oisifs ou jouissant de la culture des arts libéraux.

La Société doit l'Éducation à tous, afin que tous puissent travailler, afin que tous méritent le contingent d'Utilité corrélatif à leur travail. Dans ce système, tous les talents naturels *se manifestent*, se fortifient par l'étude; les plus brillants sont admis, après vérification, à compléter le bien-être moral et intellectuel. Je suppose que le Nécessaire est acquis.

L'instruction moralise un peuple plus sûrement que l'aggravation des peines; la création d'une école est plus efficace, pour le progrès futur, que l'institution

(de *canis?*), gueusaille (1), racaille (de *raca?*), vile multitude (Thiers?..).

Les derniers seront plus tard les premiers.

312. Les profits des industrieux *baissent* quand le prix du blé augmente. (J.-B. Say.)

Proposition applicable à l'hypothèse où les prix des autres choses *indispensables* s'élève.

La charité, l'aumône vient au secours des indigents.

XXII

Revenus des Capitalistes et des Propriétaires fonciers.

[Intérêt de l'argent; — loyer, fermage, profit foncier.]

313. Le propriétaire d'une terre peut, en demeurant complètement *oisif*, vivre d'une portion des fruits de sa terre qu'il fait cultiver par *d'autres*, et qu'il ne saurait cultiver *sans* le se-

(1) Batbie, I, page 205 : « Misérable gueusaille, esclave de sa bouche (!). »

d'un tribunal criminel. La masse éclairée comprend que le but rationnel n'est pas la substitution *des derniers* aux privilèges des *premiers*, mais bien la *suppression* des privilèges, but qu'on atteint bien mieux par la manifestation pacifique de la volonté du grand nombre que par les horreurs de la guerre civile.

312. Quand le Nécessaire fait défaut, c'est pour *tous*.

Soit un million d'hommes, ayant besoin d'un million d'hectolitres de blé; s'il n'en ont qu'un demi-million, chacun n'a qu'un demi-hectolitre : la souffrance est *également* partagée.

Dans ce cas, la Société exige que tous les associés, s'il le faut, travaillent à produire, soit un demi-million de plus d'hectolitres de blé, soit une somme d'utilité suffisante pour obtenir ce demi-million de l'étranger. — Il en résulte diminution des autres genres d'utilité; mais diminution pour *tous*.

L'aumône humilie parfois celui qui la reçoit. L'assistance mutuelle, d'égal à égal, inspire une satisfaction réciproque; elle n'avilit jamais.

XXII

Faut-il réserver, sur l'utilité produite par le Travail à l'aide d'une force naturelle (améliorée ou non par un travail antérieur), une Prime (1) *au profit du possesseur de la force naturelle?*

313. Nul n'a droit à récompense pour le travail d'autrui. Nul n'est dispensé de travailler lui-même. En effet, *tous* les hommes sont soumis à des besoins

(1) J'entends par « prime » une récompense décernée par *anticipation*, pour un acte méritoire accompli plus tard, soit par celui qui reçoit la prime, soit par autrui.

cours d'*autrui* (en supposant même qu'il ait fabriqué une charrue, élevé des bœufs de labour); car un homme seul ne peut faire que bien peu de chose.

[Un ancien économiste, *Buchanan* (Say, note 38), reconnaissait que le revenu du propriétaire foncier n'est pas un revenu *nouveau*, mais une portion du revenu des consommateurs. — Say expose, à ce sujet, de nombreux systèmes, après quoi, il *nie* la *difficulté (!!)*. Quand les hommes reconnaîtront-ils que tous les problèmes de la science ne sont pas résolus, et ne le seront jamais tous?]

V. n° 267. Le profit foncier, loyer ou fermage, est appelé *rent* par les Anglais.

314. Le maître d'un capital peut, en restant complètement *oisif*, vivre à l'aide des *intérêts*, c'est-à-dire d'une portion des bénéfices obtenus de son capital, en le faisant exploiter par *d'autres*, alors qu'il ne pourrait l'exploiter *sans* leur secours. (Un homme seul ne saurait tirer grand' chose d'un capital, même exigu; même en supposant qu'il soit muni des instruments qui servent à l'exploitation dont il s'agit.)

Les canonistes ne contestent pas la prime des propriétaires de fonds ou de matières premières; ils se contredisent en contestant celle des propriétaires d'argent *monnayé*.

Les législateurs qui *limitent* le taux de l'intérêt sans limiter le taux des *loyers* et *fermages*, commettent une inconséquence un peu moins grave, mais analogue. (J.-B. Say, Adam Smith,

impérieux périodiques, dont la satisfaction commande une production périodique, souvent immédiate.

La force ne crée pas le droit. Un conquérant peut bien, en fait, se rendre maître d'une *portion* du *globe* (!); mais cette possession violente ne fonde pas un droit véritable : dès que la violence aura cessé, la justice reprendra son empire.

La terre (dans les bonnes années, comp. n° 300) produit des récoltes qui excèdent beaucoup la juste récompense du travail : faut-il abandonner cet *excédant* aux agriculteurs? Non, puisque la subsistance commune en dépend; la récolte générale du territoire est destinée à nourrir la *population* entière et non les seuls agriculteurs; il suffit que ces derniers soient récompensés d'après les mêmes règles que les autres associés. (D'où il suit qu'ils ne doivent pas être *moins* rémunérés, ce qui arrive trop souvent encore aujourd'hui, n° 311.)

314. Le Capital diffère du fonds de terre non défriché (Force Naturelle pure) en ce qu'il renferme, *outre* une certaine quantité d'utilité naturelle, une somme d'utilité *artificielle*. Mais qu'importe? Ne faut-il pas un *nouveau* travail pour faire sortir du capital exploitable une *nouvelle* utilité? La récompense méritée pour ce nouveau travail appartient tout entière à celui qui l'*exécute*. Aucune portion ne saurait en être prélevée par un tiers oisif (ou faisant un travail différent). Personne ne saurait se prétendre (lui-même et encore moins ses descendants) dispensé de contribuer au travail *futur*. — Même raisonnement pour les machines, n° 150 : elles constituent le capital dont la force productrice est la plus grande.

Les théologiens semblent avoir deviné l'iniquité de la prime des capitalistes, quand ils ont prohibé le *prêt à intérêt*. (Luc, VI, 35; mais v. XIX, 16, 18 et Matth., XXV, 27.)

Les législateurs l'ont devinée en partie, quand ils ont *réduit* le *taux* de l'intérêt (aujourd'hui 5 ou 6 pour 100)

Bentham, Destutt-Tracy...) En effet, le droit de disposer implique le droit de *ne pas céder* du tout et, partant, le droit d'exiger en cédant un prix aussi élevé qu'on veut.

315. Le développement *naturel* des *faits*, constaté par l'histoire, explique l'organisation sociale qui légitime et favorise la possession individuelle du globe et des capitaux.

Les esclaves n'étaient pas si maltraités qu'on l'a dit. Auguste réprimanda Pollion qui jetait les siens, dans leur vieillesse, aux murènes. Antonin le Pieux forçait les maîtres trop cruels *(si intolerabilis videatur sævitia)*, de vendre *bonis (?) conditionibus.* (Inst., VIII, § 2.)

316. L'esclavage, contre lequel protestaient les jurisconsultes *(contra naturam*, Instit., § 1, *de jure personarum)*, ne fut supprimé, ni par Constantin, qui mit le christianisme sur le trône, ni par le dévot Justinien; mais il disparut en Europe vers le XIIIe siècle (J. Bodin). Dès le temps des empereurs, les *coloni adscriptitii* remplaçaient les esclaves, en Illyrie, en Pa-

et puni (!!) l'*usure*. (Aujourd'hui l'*habitude* d'usure; loi du 3 sept. 1807.) Les industriels ont eu plus de crédit contre les *banquiers* que contre les propriétaires de choses directement utiles.

315. Un homme de guerre, aidé des siens, peut bien, en fait, réduire en *esclavage* des captifs et leurs descendants de telle sorte que les *neuf dixièmes* de la population soient esclaves de l'autre dixième. Dans un état de choses pareil, les hommes libres ont horreur du travail; réduits à l'indigence, ils préfèrent l'aumône comme de nos jours l'hidalgo espagnol; ils attendent le pain et les jeux du cirque. (Tacite.) « Les arts ma- » nuels, dit Xénophon, sont infâmes, indignes d'un » citoyen » (id. Platon!) Le petit commerce est chose vile (*sordida*), d'après Cicéron. Si les maîtres ne font *rien*, les esclaves font *tout* : ils défrichent les terres, ils élèvent les édifices, bâtissent les maisons, fabriquent les meubles, en un mot *créent* tous les capitaux. Leur salaire est une nourriture à peine suffisante; un abandon complet les menace dans leur vieillesse et dans leurs maladies. Toutes les terres, toutes les maisons, tous les meubles, tous les capitaux appartiennent aux *maîtres*.

Les esclaves n'ont ni propriété, ni capital; la plupart sont abrutis; ceux qui satisfont leurs maîtres, ou plutôt leurs propriétaires, en obtiennent (1) des pécules (propriétés de *tolérance*), parfois la liberté.

316. La substitution du *servage* à l'esclavage *atténue* l'injustice *sans* la faire *disparaître*. Les seigneurs féodaux de divers degrés sont seuls propriétaires et capitalistes; les serfs travaillent comme les esclaves; maintenus

(1) Un partisan de l'esclavage s'est imaginé que les esclaves romains avaient l'action *de peculio* contre leurs maîtres pour forcer ceux-ci de leur constituer un pécule. C'est comme si l'on disait que les chevaux ont une action contre leur propriétaire pour le forcer de leur donner une bonne litière.

lestine, en Thrace... (Code de Justinien, XI, 50 à 52.)

317. Le servage a disparu à son tour vers le XVIIIe siècle. Voltaire écrivait en faveur des *serfs* des moines de Saint-Claude, dans le *Jura*. — Le travail libre, *mal récompensé*, a lui-même ses périodes d'amélioration. Ainsi, ce que j'appellerais la domesticité *bâtonnable* (V. les comédies de Molière), a tout à fait disparu. La police correctionnelle fait justice des maîtres qui frappent leurs domestiques, des patrons qui maltraitent leurs apprentis.

318. Beaucoup d'ouvriers *économisent* une portion de leur salaire; ils se font entrepreneurs; avec des économies nouvelles, ils acquièrent un morceau de terre, un bâtiment; ils deviennent à leur tour *capitalistes* et propriétaires. — Chaque soldat a un bâton de maréchal dans sa giberne (1 chance sur 10,000 à 100,000).

319. Les propriétaires de terres et de capitaux qui consentent à travailler, soit par crainte d'ennui, soit par désir de pouvoir, d'honneur, de richesse, soit par le sentiment du devoir,

comme eux dans l'ignorance, ils conservent et accroissent le capital d'autrui.

317. La substitution du *travail* (ou colonat?) *libre* au servage diminue beaucoup l'injustice.

La *supprime*-t-elle radicalement?

Non. Les capitalistes et propriétaires fonciers, devenus tels en qualité de seigneurs féodaux, restent capitalistes et propriétaires, bien qu'ils perdent leur titre féodal; ils continuent d'être oisifs. Les travailleurs deviennent libres de condition. Mais, *dénués* de *capital*, ne possédant aucune *force naturelle*, ils sont contraints de travailler pour le compte des propriétaires et capitalistes afin d'obtenir d'eux une cession partielle du revenu que produit leur *propre* travail.

J'appellerais volontiers travail *unilatéral* celui qui est accompli par une catégorie d'associés au profit d'une autre catégorie d'associés qui ne travaillent pas (ou travaillent pour le plaisir, pour satisfaire leur ambition, leur amour de la gloire...). Le travail devrait être *bilatéral*.

318. Le remplacement des maîtres par les seigneurs féodaux; des seigneurs féodaux par les propriétaires et capitalistes bourgeois (ou nobles; il y en a encore sous la République!!); le remplacement de plusieurs de ces derniers par des entrepreneurs, puis par des ouvriers, ne supprime pas le vice primordial. L'injustice qui consiste à se faire livrer une portion du travail *d'autrui* gratuitement, en s'abstenant de tout labeur, au lieu de le payer par un *travail* personnel *équivalent;* cette injustice, dis-je, ne cesse pas d'être une injustice, même lorsqu'elle est exercée par un ancien ouvrier, par un ancien entrepreneur.

319. Toutes les industries supposent une certaine vocation, de certaines dispositions *naturelles*. Cela est surtout vrai des arts d'imagination, du professorat, des fonctions publiques... L'intérêt humanitaire et social

choisissent un travail *libéral*. Les *fonctions* publiques, les sciences, les lettres, les arts, le professorat... sont, en fait, à leur disposition presque exclusive.

320. La possession d'un fonds de terre, ou d'un capital, n'est pas *exclusive* d'un talent naturel : elle facilite l'acquisition des connaissances corrélatives à ce talent.

Il suffit d'écrire dans la Constitution (Charte, 3) que tous « les Français sont également admis» sibles aux emplois. »

321. Quand un producteur laborieux est mort, il est équitable que ses enfants, ses neveux... ses amis... *pour lesquels* il a travaillé, profitent de son capital. — S'il haïssait certains parents, pourquoi le priverait-on de la faculté de favoriser les autres (1) ?

322. Les auteurs d'actions utiles, de décou-

(1) Une testatrice avait pris en aversion ses parents *pa*ternels. Elle ignorait le nom de ses collatéraux de l'autre ligne, qu'elle n'avait jamais vus. Elle disposa en ces termes : « Je lègue tous mes biens à mes parents *ma*ternels. » (Histor.)

veut que l'exercice en soit réservé à ceux qui donnent des *preuves* d'aptitude naturelle.

L'Éducation générale universelle fournit le plus sûr moyen de vérifier la possession de la capacité *innée*... Au contraire, on conçoit aisément que la possession d'un capital, immobilier ou non, se combine avec l'*in*aptitude totale ou partielle aux sciences, aux arts...

Il va sans dire que, si elle se combine avec l'aptitude sérieuse, elle n'est point une clause d'exclusion. Tout au plus motive-t-elle une *diminution* de récompense matérielle.

320. Dans un système transitoire, on peut charger les capitalistes de certaines fonctions *gratuites*.

Dans un système rationnel, *tous* les associés sont admis à *concourir* pour les professions attrayantes, en même temps qu'ils sont soumis à la *réquisition* pour les travaux dangereux, répugnants, pénibles.

Pendant les épreuves qui sont inconciliables avec le travail normal, la Société *entretient* les concurrents : en effet, c'est dans son intérêt qu'elle requiert le concours.

321. Le raisonnement qui fonde le privilège des héritiers valides sur la volonté présumée du défunt s'applique seulement à l'héritier qu'aimait, que connaissait du moins le propriétaire décédé. Il perd toute sa force dès qu'on l'étend à ceux que le défunt n'avait pas connus, à ceux qu'il *haïssait*, à ceux qu'il n'avait pas en vue. — Du reste, l'injustice, n° 318, ne cesse pas parce qu'elle est pratiquée par le neveu, l'enfant même d'un homme laborieux.

A l'égard des infirmes qui ne profitent pas du travail d'un protecteur naturel, ils sont secourus par la *Société*.

322. Nul n'est dispensé de l'obligation de travailler, sous prétexte qu'il a rendu *déjà* de très grands services. Il se doit à la Société tant que les règles de l'*hygiène* lui permettent de se rendre utile. — Ainsi, le savant qui a fait une découverte s'occupe de la perfectionner;

vertes importantes..., attirent parfois l'attention des gouvernements. On les gratifie d'un capital, d'un revenu viager (pension, rente...) qui leur permet de vivre désormais dans l'aisance et de *ne plus travailler*.

323. Parfois on donne à l'héritier, à la veuve d'un homme qui a rendu de grands services, le traitement d'un emploi que la personne favorisée est *dispensée de remplir*, parce qu'elle se substitue quelque *autre* personne d'éducation moins relevée, qui se contente, faute de crédit, d'une fraction du traitement.

Exemple : on donne à la veuve d'un officier général (!), supérieur ou autre, un *bureau de tabac* de mille francs, avec *dispense de gérer ;* la veuve fait faire son service par une personne pauvre qui *se contente* (!) de 400 francs. La veuve perçoit 600 francs sans condition de travail, bien qu'elle ne soit nullement infirme (mais elle appartient à une couche sociale supérieure). — La même obtient pour ses enfants une *bourse*, qui serait refusée à une mère moins bien née.

XXIII

Population.

324. Selon beaucoup de philosophes, les hommes *doivent* procréer le plus grand nombre d'enfants possible, sans s'inquiéter des suites

il l'enseigne à ceux qui ne la connaissent pas; il la propage... — Le droit à l'oisiveté n'est pas une récompense logique.

323. C'est une faute grave que de décerner une récompense à l'*un* pour le travail que l'on impose à l'*autre*. On objecte que le premier a besoin de secours. Si le fait est vrai, donnez-lui *franchement* un secours; ne vous trompez pas vous-même en feignant de le grever d'un emploi que vous le dispensez de remplir. V. n° 367. Si l'emploi ne mérite réellement qu'une fraction du traitement proposé, *réduisez* ce traitement; ne vous trompez pas vous-même en feignant de donner un traitement que vous empêchez le travailleur effectif de percevoir.

La Société secourt les vrais infirmes. Elle donne aux travailleurs la totalité de la récompense qui leur appartient. Elle donne l'éducation à tous et non à des *boursiers*, enfants de parents bien élevés, de fortune médiocre.

XXIII

La Société doit-elle favoriser la multiplication aveugle sans tenir compte de l'influence qu'un excès de population aura sur le bien-être des associés anciens et nouveaux?

324. Le *but* de la science est la *prospérité* de l'espèce humaine; sa multiplication n'est qu'un moyen d'y parvenir. Le mariage et la famille y conduisent... *si*

(multiplicamini). La Nature pourvoit elle-même d'avance à la subsistance de *tous* les êtres animés. [Mais v. nº 32.]

325. Les conquérants désirent, pour vaincre, mettre en ligne le plus grand nombre de *soldats* possible : ils arrivent au même principe, nº 324, d'autant plus aisément qu'ils préviennent l'excès de population par la *consommation* des hommes.

326. L'État doit récompenser ceux qui ont un nombre d'enfants au-dessus de la *moyenne*.

327. Il doit au moins *encourager* la propagation, comme l'ont fait les auteurs des lois Julia *de maritandis ordinibus* et Papia Poppea.

328. Il peut ne pas la combattre et demeurer *indifférent*, selon quelques-uns; en effet, il est incompétent en fait de science.

les époux et les enfants peuvent subsister aisément, *s'ils* peuvent développer leurs facultés morales et intellectuelles.

« Ce n'est pas, a dit Destutt-Tracy (1), la *multipli-* » *cation* des hommes qui est désirable, c'est leur » *bonheur*. »

325. Les philosophes ne conseillent point aux peuples de s'asservir réciproquement par la force, mais bien de former une société pacifique. Ils ne poussent pas à *créer pour détruire*. Quand leurs conseils auront prévalu, on pourra désirer que les hommes soient aussi nombreux que possible pour porter l'Utilité véritable à son plus haut degré et lutter sans désavantage contre les *cataclysmes* terrestres.

326. Il n'y a aucun *mérite* à procréer des enfants. Donc la Société ne doit pas de récompense à la paternité; elle n'en doit même pas à la maternité, malgré les souffrances et les dangers qui l'accompagnent. La Nature se charge de la récompense.

327. Le stimulant *naturel* suffit pour pousser au mariage; Montesquieu l'a observé (Fénelon aussi), bien qu'il n'ait pas deviné la théorie de J.-B. Say et de Malthus. Donc la Société n'a pas besoin d'attribuer des *privilèges* à la paternité.

328. La Société doit toujours *propager* les vrais principes. Elle fait des recherches statistiques et les publie.

Les magistrats ne sont pas investis de la mission de rechercher la solution des problèmes scientifiques. Mais ils doivent toujours se tenir *au courant* de la science et en suivre les progrès démontrés.

(1) Commentaire sur l'*Esprit des lois* (XXIII). Ce livre, bien plus avancé que celui de Montesquieu, est moins vanté, parce que Montesquieu a le mérite de la forme. Mais doit-on préférer le beau style à la science véritable?

329. On ne saurait poser aucune règle satisfaisante quant à la multiplication de l'espèce, faute d'une base précise de calcul. Qu'on s'en remette au *hasard*.

330. Chaque *classe* d'habitants se multiplie à proportion de son revenu (Say); c'est-à-dire du revenu qui lui est nécessaire d'après ses habitudes. — Donc la classe des *manouvriers* se multiplie plus que les autres. Il suffit d'être homme pour être manouvrier; or, dit J.-B. Say (ch. XXI), un homme naît partout où il peut subsister. — Donc, la classe des gens de métier se *multiplie* plus facilement que celle des entrepreneurs; et celle-ci, plus facilement que la classe des capitalistes et des propriétaires fonciers.

329. La multiplication est subordonnée à la possibilité de *subsister*.

Le pays peut-il nourrir un nombre d'hommes double? La duplication de la population n'est pas imprudente. — Consultez la Statistique. — Si la Statistique prouve qu'un excédant de population ne pourrait subsistér ou bien subsisterait mal, l'accroissement est nuisible.

La solution de la question dépend de plusieurs éléments : 1° le nombre des producteurs valides; 2° la somme de *substances* alimentaires et autres indispensables à la vie, que la terre peut produire par le travail des producteurs; 3° le travail d'*éducation* que la génération nouvelle impose à l'ancienne.

Sous un régime d'égalité, chaque associé nouveau est tenu de travailler comme les anciens; on est donc sûr, s'il est valide, qu'il produira sa *quote-part* d'utilité. D'un autre côté, il est sûr d'être récompensé comme les anciens; donc il aura, en général, de quoi subsister. La nécessité de restreindre la population n'apparaitra que lorsque les forces naturelles, exploitées sur l'échelle la plus étendue, seront *insuffisantes*. On devra tenir compte, en outre, du travail exigé par le développement *moral* et *intellectuel*, condition de la prospérité sociale.

330. Dans un régime rationnel, la collaboration universelle produit un égal degré d'utilité au profit de tous; la rémunération du travail s'opère d'après un principe presque invariable. Dès lors, tous les associés peuvent avoir le *même* nombre d'enfants (sauf les anomalies inévitables de la Nature.) Tous sont à même de vérifier s'ils peuvent entretenir et élever un nombre d'enfants plus considérable que celui des pères et des mères. La *Statistique* pose les limites qu'il convient de ne point franchir.

331. Quand la population est excessive, ce sont d'abord les *indigents infirmes* qui souffrent et succombent, faute d'une nourriture saine et abondante, de médicaments, de soins, de repos, de propreté, d'un logement sec et chaud...

332. Les indigents, qui sont les plus exposés à souffrir de l'excès de population, sont, *faute d'instruction*, les moins capables de s'en garantir. Aussi ont-ils des familles nombreuses.

333. Si la population s'arrêtait brusquement, quand elle touche à l'excès, le mal serait prévenu. Mais elle s'accroît *longtemps* encore, avant que l'excédant ait succombé.

334. L'organisation de l'homme est admirable. Il n'y a que des *méchants* qui puissent constater, comme l'ont fait Malthus (1), J.-B. Say..., les maux qui atteignent les indigents en cas de population excessive.

335. D'ailleurs, ces sortes de recherches ne remédient *à rien*. — Une antinomie naturelle s'oppose à ce que le sujet de ce chapitre soit creusé.

(1) V., dans la *Revue Britannique*, une nouvelle, dont le héros, un invalide, *lecteur de Malthus*, substitue un fusil à sa jambe de bois, afin de diminuer la population, à l'aide de meurtres cachés.

331. Partout où règne l'*inégalité*, les hommes placés dans la situation inférieure souffrent les premiers, faute de moyens de protection.

Partout où règne l'égalité, les maux inévitables pèsent sur la *masse entière*, et sont atténués par le partage.

332. L'Éducation universelle fait comprendre à *tous* le danger et la nécessité de la circonspection pour le prévenir. La Logique s'applique à *toutes* les actions. Elle observe les faits et en déduit des règles de prudence. — Ces règles, dans un état de *transition*, doivent être enseignées à ceux dont l'indigence menace des enfants trop nombreux d'un malheur qui rejaillira sur leurs parents.

333. Tous les associés, instruits d'avance, se comportent comme les hommes *éclairés* se comportent dès aujourd'hui dans les sociétés imparfaites. Ils n'attendent pas que le mal se produise : ils l'*empêchent* de se produire.

334. L'organisation de l'homme est imparfaite. Le médecin qui observe une *maladie* naturelle, qui en constate la marche, en recherche les effets et les causes, n'est point un méchant. Au contraire, il rend service à l'humanité. — Il en est de même des écrivains qui étudient les maladies *morales*, par exemple l'égoïsme. (La Rochefoucauld, nonobst. Henri Martin, 2°.)

335. L'*étude* des maux est le meilleur moyen d'en découvrir le remède. — Les antinomies naturelles se concilient par l'exécution simultanée des lois contraires. La physiologie fait des progrès ainsi que la pédagogie : celle-ci observe des ménagements auxquels n'est pas astreinte la science médicale.

IIIe PARTIE.

CONSOMMATION DES RICHESSES.

XXIV

Consommation en général.

336. La consommation est la destruction de la *valeur*.

337. Plusieurs économistes ne disent *rien* de la consommation; d'autres ne la rapprochent point de la production.

338. La plupart ne s'occupent pas du *but* de la consommation.

IIIe PARTIE.

JOUISSANCE ET CONSERVATION DE L'UTILITÉ.

XXIV

La Société a-t-elle besoin d'encourager, d'ordonner la Consommation et la Conservation? Doit-elle les proscrire? Contradiction naturelle à résoudre.

336. La consommation est la destruction (1) de l'*Utilité.* La destruction d'une chose nuisible est une production d'utilité *négative.* La destruction d'une chose absolument inutile (s'il en est de telle dans le monde) est indifférente ; ce n'est pas une consommation au point de vue scientifique.

337. La Consommation est *corrélative* de la Production. Elle annulle les avantages de celle-ci ; elle amoindrit le Capital ou l'empêche de s'accroître. D'où nécessité de recommencer la Production quand on a consommé l'utilité produite.

338. Le *but* de la Consommation est la satisfaction des besoins ou désirs : en un mot, la *jouissance* (2).

Le Producteur ne travaille que pour jouir, ce qui le force à consommer.

Cela est vrai pour la collection des producteurs, pour la Société, qui est aussi une *collection* de consommateurs (collection plus nombreuse que la première, car elle comprend les infirmes). Une société qui ne consommerait rien que le Nécessaire (consommation physiquement inévitable) serait fort malheureuse. La

(1) Totale ou partielle (détérioration).
(2) Le mot « jouissance » est pris ici dans un sens large : il comprend la satisfaction des désirs moraux et scientifiques.

339. Les anciens économistes n'expliquent pas nettement s'ils *recommandent* la consommation ou s'ils en détournent.

340. Ils semblent considérer la consommation improductive comme un *mal*, en thèse générale.

341. Ils ne formulent pas de règle générale *précise* de conduite.

342. L'État ne doit pas mieux intervenir dans les consommations que dans les productions privées. Liberté de produire, *liberté de consommer*.

prospérité ne s'obtient pas par la seule Production; elle implique l'emploi de l'utilité produite.

339. La Consommation produit une jouissance; il est donc *inutile* de la recommander : la nature y porte suffisamment. C'est la restriction de la Consommation ou, en termes positifs, la *Conservation* de l'Utilité qu'il importe d'enseigner aux hommes : en effet, elle exige parfois la compression des désirs, la résignation, la patience. — C'est à l'aide de cette conservation que la Production forme le Capital. (L'utilité ne mérite, dans l'usage, ce nom de Capital, qu'autant qu'elle dure un temps assez long.)

340. La Consommation produit une jouissance; donc elle est un *bien*, en thèse générale. Elle devient un mal quand la jouissance est *irrationnelle*, car alors elle diminue le Capital social sans compensation.

341. L'homme est dominé par deux penchants également naturels, mais *contradictoires :*

1° Le désir de jouir *actuellement*, autant que ses ressources le comportent; désir fortifié par le sentiment de la brièveté de l'existence. *Vive memor quam sis ævi brevis;* Horat.

2° Le désir de conserver le plus d'utilité possible pour jouir *plus tard* et améliorer son sort. On songe à la vieillesse, à ses infirmités, à l'impuissance de travail qui l'accompagne; aux accidents imprévus, à la force productrice du Capital.

En conciliant ces deux désirs, en les *contenant* l'un par l'autre, on évite l'avarice et la prodigalité.

342. La Société, qui veille au bien-être progressif de tous ses membres, les protège en masse contre la prodigalité excessive de quelques-uns. La formation d'un capital social considérable et susceptible d'accroissement indéfini est impossible *sans* une *économie* raisonnable. La Société peut exiger, en laissant une

343. J.-B. Say distingue les consommations privées (ch. XXVI) des consommations *publiques* (ch. XXVII). Cependant, il démontre ailleurs (ch. XXX), que l'économie des nations est la même que celle des particuliers.

XXV

Résultats de la consommation.

[Complément du chapitre précédent.]

344. La consommation est *re*productive ou *im*productive.

345. La consommation reproductive opère *distribution* de richesse (Say). Plus exactement, la distribution dérive de la *nécessité* où se trouve le Producteur, d'*acheter* la matière qu'il doit transformer : il paye les frais déjà faits et les prend *à ses risques*, quand même il ne commettrait aucune faute.

346. Le premier résultat de la consommation est une perte de *valeur*, et, par suite, de richesse. [J.-B. Say ne dit mot de la Conservation ; il n'en étudie les effets qu'indirectement, en s'occupant des résultats du phénomène *inverse*.]

certaine somme de jouissances aux associés, que les choses durables soient conservées par les propriétaires, sous leur responsabilité.

343. Les êtres collectifs ont une force productrice *plus grande* que les individus. Leur force *consommatrice* est également plus grande.

Mais des règles, des principes ne varient pas par cela seul qu'ils sont appliqués à un plus ou moins grand nombre d'hommes. Si l'individu fait bien de conserver la *moitié* de l'utilité qu'il produit, un peuple de 40 millions d'hommes fera bien de conserver la moitié de l'utilité qu'il aura produite.

XXV

La Société retire-t-elle un avantage soit de la Conservation, soit de la Consommation (à raison du travail qu'elle occasionne)?

344. La Consommation *re*productive n'est autre chose qu'une opération élémentaire de la *Production*. Inutile de l'étudier de nouveau sous un nom différent.

345. Sous un régime équitable, les collaborateurs successifs sont tous récompensés selon leur mérite. La rémunération du travail individuel n'est amoindrie par aucun risque. La responsabilité ne grève que la *faute*. La perte provenant d'une force majeure retombe sur la Société tout *entière*, et cela est juste, puisqu'elle prospère tout entière au moyen de la Production.

346. La Consommation implique perte d'*utilité* et, par suite, amoindrissement du Capital (ou non-accroissement, quand elle accompagne la Production, nº 110). Au contraire, la Conservation *empêche* la perte de l'Utilité et maintient l'augmentation du Capital, fruit de la Production. Elle complète donc celle-ci. Elle

347. Les produits sont consommés *ordinairement*, mais ne le sont pas nécessairement.

348. Il y a des destructions de valeur, — par exemple, le jet des marchandises pour éviter la perte du navire, — qui ne sont pas des consommations : elles ne satisfont *aucun besoin* (!).

349. Des économistes ont soutenu, contre J.-B. Say, qu'*il faut* consommer, fût-ce inutilement : on donne ainsi de la besogne aux producteurs. (*Sisyphisme,* dit Bastiat.)

350. Les mêmes, en général, veulent qu'on encourage le *luxe,* le faste, pour activer la production. [Généralisons cette idée : un mal, même considérable, cesse d'être un mal s'il en résulte un petit bien *accidentel.* Faut-il tant gémir sur la Pauvreté? s'écrient quelques auteurs (Thiers...) : elle engendre la Bienfesance.]

rend la jouissance *plus durable* et permet de consacrer le Travail à une utilité *nouvelle*.

347. Dans un régime rationnel, les produits sont consommés plus généralement que sous le régime vulgaire; en effet, ils ont dû s'exécuter d'après les indications de la Statistique, laquelle exclut presque toujours la Production *inutile*.

348. Il est rationnel de s'imposer une perte moindre pour en éviter une plus grande; de sacrifier les choses pour sauver les hommes. C'est un avantage *négatif*, n° 109, différent de celui qu'on avait en vue en travaillant : on n'avait pas fabriqué les marchandises, on ne les transportait pas pour les jeter dans la mer. Mais, quand la Conservation est nuisible, quand la Destruction est utile, il faut bien se résigner à détruire. Le besoin de l'*existence* est le plus énergique de tous.

349. On ne crée pas pour détruire (1), fût-ce sans jouissance raisonnable.

On crée pour jouir, fût-ce en détruisant; ou bien encore, pour faciliter une création ultérieure qui rendra la jouissance possible. Toutes les fois que la Conservation *assure* ces deux résultats, ou les rend *plus durables*, elle est avantageuse à la Société.

350. Le travail *utile* est évidemment préférable au travail inutile ou nuisible. Ce n'est que comme pis aller que l'on peut recommander le travail inutile, dans l'hypothèse, encore fréquente, où l'emploi d'un capital est laissé à l'arbitrage *absolu* d'une personne *peu instruite* ou passionnée pour le plaisir.

Dans une société rationnelle, pourvue du Nécessaire et du Co*m*fortable, il est sage de chercher un progrès ultérieur, par le développement des *sciences* pures, des beaux-arts, de la poésie...

(1) Cléopâtre, dit-on, pour gagner une gageure, faisait dissoudre dans un acide des perles d'une valeur énorme. Omar brûlait la bibliothèque d'Alexandrie. Ces deux faits sont des types de consommation déraisonnable. Elle ne déplaît point aux souverains.

XXVI

Consommations privées.

351. On doit employer son revenu à des dépenses ou plutôt à des consommations *bien* entendues.

352. Le caprice ignorant préfère le *luxe* à la satisfaction des besoins qui ne sont pas absolument impérieux.

353. J.-B. Say, après avoir donné d'excellentes règles d'économie, demande si l'on oserait comparer la satisfaction que procure la vue d'un feu d'*artifice*, avec celle que donnent des livres du même prix dont on jouira *toute* sa vie, qu'on laissera même à ses enfants. Mais il s'arrête là.

354. Le gouvernement ne peut intervenir dans les acquisitions des particuliers, ni *surveiller* leurs consommations.

XXVI

D'après quels principes les associés choisissent-ils le genre d'utilité qui sera leur récompense? Jusqu'à quel point peuvent-ils jouir et sont-ils tenus de conserver?

351. Celui qui a travaillé fait constater le mérite de son travail, et la récompense corrélative : tant d'heures de travail ordinaire, de travail dangereux... Il lui reste à *choisir* le genre d'utilité qu'il préfère pour réaliser sa récompense effective : tel ou tel aliment, tel ou tel vêtement, tel ou tel logement...

Il s'agit ici du *choix des récompenses.*

352. Il convient d'employer le prix de son travail d'après les mêmes règles qui président au choix de l'utilité que l'on veut produire, nos 24, 35.

On recherche d'abord le *Nécessaire*, puis l'Utile (comfort), puis l'Agréable (luxe).

353. Les trois degrés d'urgence s'appliquent au bien-être *moral* et *intellectuel* autant qu'au bien-être physique.

Donc, après s'être procuré le nécessaire matériel : aliments, vêtements, logements, médicaments..., on acquiert l'instruction générale indispensable : la morale élémentaire, la lecture, l'écriture, le calcul...

Plus tard, on recherche une instruction plus étendue, la morale raffinée...; plus tard, les jouissances artistiques, littéraires...

354. La Société, dans l'intérêt universel, exige l'Education universelle; elle fait donner à tous ses membres des notions d'*économie* sociale. Il en résulte une garantie de bons choix de choses utiles de la part des individus.

La *Publicité* des demandes et des offres, par suite de

355. Les riches entretiennent une foule de valets, de laquais superflus (valetaille), dont le temps se passe à attendre des ordres et à ne *rien* faire *d'utile.* Le maître n'exige pas qu'ils s'instruisent dans les intervalles.

356. Le goût du luxe est *naturel ;* le principe de la liberté permet à chacun de s'y livrer.

357. J.-B. Say démontre, avant Fourier, que les dépenses faites *en commun* sont fort économiques. V. C. civ., 210.

358. Les anciens économistes n'assignent aucune *limite* à la jouissance. Les législateurs n'en assignent que bien peu et par exception (C. civ., 544).

leur constatation officielle, procure une garantie de plus. Elle assure, en outre, la Conservation de l'Utilité.

355. Nul n'a droit de soustraire un autre associé à ses *devoirs* sociaux. La Société peut exiger que ses réquisitions soient satisfaites avant les fantaisies particulières, que l'Education générale et spéciale soit distribuée. Un homme ne se dispense point de produire sa quote-part de nécessaire; il ne se dispense point d'acquérir la somme de connaissances voulue, en alléguant qu'il a promis de se tenir prêt à exécuter les ordres, les caprices *éventuels* d'un autre associé, dans l'intérêt *particulier* de celui-ci. V. n° 367.

356. L'Education universelle modifie les penchants vicieux; elle donne le goût des sciences et des arts. La Statistique perpétuelle constate les capitaux existants et la quantité de Nécessaire et d'Utilité proprement dite. Les jouissances de pur *agrément* ne sont permises (sauf l'état de *transition*) que lorsque tous les citoyens sont en position de s'y livrer, au moins *tour à tour*. En effet, l'alternement, avec tirage au sort, détermine l'attribution successive des jouissances exceptionnelles, qu'on ne peut multiplier assez pour les donner à tous *simultanément*, comme les aliments de qualités supérieures, les spectacles...

357. L'Association, pour procurer plus facilement à chacun le Nécessaire, autorise, provoque la formation des sociétés *partielles* qui permettent de consommer une somme moins considérable d'utilité artificielle, et, par suite, d'en produire davantage d'un autre genre.

358. On peut établir en principe l'*obligation de conserver* l'Utilité, toutes les fois que la Conservation est compatible avec la Jouissance raisonnable, qui est la condition d'une existence heureuse.

L'associé doit comprimer ses caprices, ses fantaisies dans l'intérêt de ses associés. On doit même songer

359. Le maître d'une chose a le droit d'en disposer *(jus abutendi)*, de la dénaturer, de la perdre..., quand même il ne tirerait de cette disposition *(abusus)* aucun avantage personnel; — quand même un ou plusieurs associés, quand même la *société* entière (par exemple s'il s'agit d'un tableau de Raphaël), voudraient *conserver* la chose.

[On traite plus strictement l'usufruitier, parce qu'il est en conflit avec le nu *propr*. C. civ., 605, 609; v. cep. 607.]

Les Hollandais ont détruit les girofliers des Moluques, pour en priver les nations rivales (Ad. Blanqui, ch. XXIX).

360. Le maître peut, à plus forte raison, *laisser dépérir* la chose, fût-elle d'un grand prix pour la Société ou pour certains associés.

361. Il peut abandonner un objet utile, le considérer *pro derelicto* (Instit., § 47, R. D.), sans prendre aucune précaution pour le conserver ou l'utiliser, dans le cas où il connaîtrait des personnes qui en ont *besoin*.

L'État ne prend pas, en thèse générale, de mesure pour empêcher la *déperdition*. — Par exception, de grandes villes offrent aux in-

aux générations *suivantes*, et pourvoir au bien-être *futur*, lorsque le bien-être présent ne s'en trouve pas sérieusement amoindri.

359. Le propriétaire d'une chose, s'il est membre d'une *société* (ce qui lui procure d'immenses avantages, n° 32), n'a droit de détruire, de détériorer la chose qu'autant que cela est nécessaire à la jouissance (blé, vin... V. C. civ., 587) ou à la production d'utilité à laquelle elle est destinée (laine à faire du drap).

A l'égard des choses qui ne se consomment pas par le premier usage, mais qui se détériorent peu à peu, l'on s'en sert suivant leur destination (vêtements, linge... V. C. civ., 589), quand même la vétusté, combinée avec un usage raisonnable, amènerait la destruction.

La règle est à peu près la même pour les choses durables (maisons, meubles solides, diamants...). On en jouit, mais on *doit* les *conserver* autant que la jouissance le permet; on s'abstient de toute dégradation; bien mieux, on y fait les réparations nécessaires à leur entretien.

360. Tant que l'ayant droit possède la chose utile, il est tenu de la conserver, quand même il serait aisé de la reproduire. Le travail nécessaire à cette reproduction sera mieux employé à créer une utilité *nouvelle*.

361. Le maître a droit de répudier la possession et d'abdiquer la jouissance sans désigner de cessionnaire; mais il n'a pas le droit d'exposer la chose aux *risques* d'un abandon; encore moins de la *détériorer*, de la jeter dans un égout...

Il la *dépose* entre les mains d'un agent spécial. Chaque associé choisit, parmi les choses abandonnées ou perdues, celles qui lui conviennent. En cas de concurrence, le *sort* désigne celui qui choisira le premier. Le nombre des choses excède-t-il le nombre des con-

venteurs un dépôt où ils remettront les objets *trouvés*.

[Mme Guizot a fait observer que, si l'on conservait tous les objets de valeur minime, *dédaignés* par les personnes aisées, on procurerait un secours considérable aux pauvres.]

362. J.-B. Say conseille de préférer les produits *durables*.

Mais il n'indique aucune mesure.

XXVII

Consommations publiques (1).

363. Le but des consommations publiques est de satisfaire des besoins communs à *plusieurs* citoyens ou à plusieurs familles.

364. Après avoir posé cette définition, J.-B. Say n'établit aucun précepte tendant à *conserver*.

(1) Les économistes anciens voient dans l'Etat un capitaliste qui dépense son argent (celui des contribuables, chap. XXVIII). La Société vraie demande *directement* la Production à *tous* les associés valides; au lieu de demander d'abord aux capitalistes quelconques de l'argent avec lequel elle achèterait les services de quelques industrieux. Mais elle règle ensuite la Récompense de ceux qui ont produit au delà de leur quote-part. V. n° 390.

currents, chacun n'en prend qu'une; les retardataires s'inscrivent pour choisir parmi les objets ultérieurement abandonnés.

A l'égard des objets *perdus*, la Statistique et la Publicité garantissent la jouissance des ayants droit.

Aucune utilité ne reste *sans emploi* tant qu'il se présente un homme qui désire s'en servir (en succédant aux mêmes obligations). En effet, on évite ainsi un travail égal à celui qui aurait été nécessaire pour produire l'Utilité délaissée ou égarée. Par suite, les travailleurs peuvent consacrer leurs efforts à produire un autre genre d'utilité.

362. Pour atteindre le maximum de prospérité, ce n'est pas assez de produire la plus grande somme d'utilité possible; il faut encore la faire *durer*, la conserver le plus possible.

Etudiez l'*art* de conserver les choses utiles.

XXVII

D'après quels principes la Société détermine-t-elle le genre d'utilité dont ses membres jouiront en commun?

363. Il y a une foule de choses dont *tous* les hommes jouissent *en commun* (1) : routes, ponts, monuments, bibliothèques, musées... (Les chefs-d'œuvre uniques appartiennent au genre humain.)

364. La jouissance en commun est, comme la jouissance individuelle, restreinte par l'obligation de conserver, en tant qu'elles sont conciliables. On peut admirer librement un tableau de Raphaël *sans* le *dégrader*.

(1) Sauf les voyages que commandent les distances.

365. Le public consomme les services des fonctionnaires au fur et à mesure que ces services sont rendus (ch. IX). Donc, leur multiplicité *n'*augmente *en rien* la richesse nationale.

366. Au contraire, on les paye trop *cher* : 25 millions par an, payables mois par mois, d'avance, pour un monarque, sans compter 1 million pour l'héritier présomptif, les frais d'intronisation, de mariage, de baptême..., la jouissance des palais, des bois réservés aux plaisirs de Sa Majesté... environ 3 milliards par siècle.

367. Certaines fonctions ne suffisent pas pour *remplir* le *temps* des fonctionnaires; tels sont les emplois militaires pendant la paix.

368. Ce ne peut être le consommateur qui décide de l'utilité du service des fonctionnaires publics et du prix qu'il convient d'y mettre. Ici, le consommateur est le public, c'est-à-dire une *multitude* d'individus.

Dans les pays où les citoyens élisent des députés, ceux-ci sont, en principe, dispensés d'exécuter le mandat donné par la majorité des électeurs. V. loi du 30 nov. 1875, 3 : « Tout mandat *impératif* est nul. »

369. Les gouvernements s'efforcent de faire prévaloir certains systèmes politiques. Ils *prohibent* les autres; ils font *punir* au besoin les partisans des systèmes interdits. (V. loi du 9 sept. 1835, 7 : qualific. de républicain; emprisonn.)

365. J'ai déjà démontré, nos 111 à 113, que le peu de durée de l'Utilité ne l'empêche pas d'être l'Utilité. Les fonctionnaires, en *protégeant* la Production, contribuent à la Production... Mais ne créez point de fonctions inutiles.

366. Point de listes civiles, de dotations, de *gros* traitements... Appliquez la théorie des récompenses. L'homme de génie ne consomme pas plus d'aliments que l'homme vulgaire; mais il a droit aux louanges, à la gratitude de l'humanité..., qu'il ne doit pas *asservir*.

367. Le fonctionnaire doit travailler *autant* que les simples particuliers. Si ses fonctions laissent des loisirs, il remplit ces loisirs par des travaux *complémentaires*.

Point de sinécure (*sine cura*).

368. Les individus qui constituent l'être collectif, l'humanité, la nation... peuvent *tous* (s'ils sont sains d'esprit) exprimer leurs volontés. Du reste, ils sont libres de déléguer leurs pouvoirs, plus ou moins limités, à des mandataires qui appliqueront les idées de leurs *mandants* sans y substituer les leurs.

[On est surpris de voir des avocats, initiés par leur profession même, à la théorie du mandat (C. civ., 1984, 1987 à 1989, 1991, 1993...), soutenir que le corps électoral est tenu de conférer des pouvoirs *illimités* et ne peut demander *compte* de leur exercice.]

369. La majorité fait prévaloir son système politique par l'entremise de ses mandataires; mais elle laisse *liberté* complète à la *minorité* de défendre le système opposé par tous les moyens *pacifiques* imaginables. A plus forte raison ne frappe-t-elle d'*aucune peine* les sectateurs des doctrines qu'elle repousse. —

370. Le principal avantage qu'une nation retire de ses dépenses, c'est la *sûreté* des personnes et des propriétés.

371. D'après les anciennes doctrines, les pertes retombent sur le *dernier* producteur, sinon sur le consommateur.

372. Jusqu'ici, les gouvernements ne s'occupent pas de la satisfaction des besoins individuels, même urgents, si ce n'est par exception, quand il s'agit de *conquérir*, d'opprimer les autres peuples; v. n° 373; de consolider, de glorifier l'autorité intérieure.

373. L'histoire prouve que les peuples cherchent, sinon à se conquérir, du moins à *s'affaiblir* réciproquement, de peur de se trouver inférieurs en cas d'attaque. V. La Font., XI, 1; Richelieu.

374. On n'appelle à la défense du territoire que certains hommes aguerris. Tous les autres

L'Education universelle fait du suffrage universel une réalité.

370. La Société protège *tous* les *droits* et fait respecter tous les *devoirs* démontrés par la science du droit naturel ou philosophique. Elle assure spécialement la rémunération du Travail, sans lequel elle ne saurait prospérer.

371. J'ai déjà dit, n° 275, que l'un des plus grands avantages de l'association consiste à rendre les pertes *moins* sensibles pour les individus.

372. La Société s'occupe de la satisfaction des besoins afin d'assurer l'*égalisation* des droits et des devoirs. Elle seule peut dominer l'influence de coterie; elle seule peut paralyser la coalition des égoïstes qui tentent de former une section privilégiée.

Ce principe a une importance spéciale en ce qui concerne le Nécessaire, la subsistance matérielle, le développement intellectuel et moral élémentaire. N'est-il pas révoltant de voir un homme souffrir la *faim* au milieu d'une société soi-disant *civilisée?* Cela n'est-il pas encore plus révoltant quand plusieurs membres de cette même société ont en abondance les commodités de la vie? et plus encore, si quelques-uns possèdent les raffinements du luxe.

L'association rationnelle implique, jusqu'à concurrence des forces sociales, garantie de l'*existence* humaine.

373. Les nations sont des fractions de l'*Humanité*. Elles ont besoin les unes des autres. Donc, nulle d'entre elles ne doit porter atteinte à la sûreté des autres. Chacune a droit de *se défendre* contre une agression violente et de se mettre en mesure de la repousser.

374. Quand la Nation voit son territoire envahi, elle rassemble *toutes* ses forces pour *affamer* l'ennemi,

continuent de produire de l'Utilité à leur *goût*; de *jouir* de leurs revenus, s'ils en ont; de se divertir, ou, tout au plus, de gémir sur les maux de la patrie.

375. J.-B. Say ne juge pas nécessaire que *toute* espèce d'instruction soit donnée aux dépens du public. [Cette idée est admissible comme mesure *transitoire* : les associés qui jouissent d'un capital, doivent en donner une portion pour l'éducation de leurs enfants.]

376. Un père, libre d'être ignorant lui-même, est libre de laisser ses enfants dans l'ignorance, contrairement au Code civil, art. 203.

Liberté de l'*ignorance*.

[La loi du 29 frim. an II, portée par la Convention, prononçait une amende.]

377. L'État doit *adopter* et faire enseigner officiellement certaines doctrines philosophiques ou politiques. V. Charte, 6.

le harceler et le fatiguer, le tuer en détail, nos 421-23. Aucun associé valide et sain d'esprit ne peut se soustraire à l'obligation de travailler au salut commun. L'associé qui n'est valide qu'en partie collabore dans la mesure de ses forces, telles quelles.

375. La Société peut et doit, pour assurer la prospérité générale, fonder l'Education universelle.

Ce principe posé, il faut le mettre en œuvre en le combinant, comme tous les autres, avec celui de l'*Egalité*. Or, il est impossible de donner l'éducation également, si on la fait dépendre d'une inégalité *préexistante*, laquelle est précisément le résultat de l'inégalité d'éducation. En effet, quand toutes les éducations seront équivalentes, l'égalité s'établira facilement pour les récompenses et l'obligation de collaborer. Donc, l'enseignement doit être gratuit dans un état de choses transitoire. Une fois l'égalité établie, la question ne se posera plus. Tout associé qui remplit ses devoirs sociaux a droit à l'enseignement. Tout associé qui travaille à enseigner les autres a droit à récompense.

376. On ne saurait obtenir l'éducation pour tous si l'on s'en remet aux *ignorants* et à ceux qui, *par système*, veulent rendre ignorants les autres; pareils à ces conquérants, à ces hommes d'Etat qui *imposent* au public une religion, c'est-à-dire une philosophie, dont ils n'usent pas pour leur compte.

Donc, une sanction est indispensable, quant à présent : la diffusion des lumières amènera l'éducation spontanée.

377. Quand certaines questions divisent les hommes au point de les pousser à la *guerre civile* (1), on fait

(1) Il y a 2 (ou 3?) questions de guerre civile :

1° Religion = Philosophie.

2° { Aristocratie = Démocratie.
Monarchie = République.

378. Les gouvernements interviennent pour *favoriser* les croyances religieuses de quelques-uns : ils font payer par *tous* (!) les ministres de tel culte, les pépinières *(seminaria)* où ils s'élèveront.

379. Ils favorisent les *beaux-arts,* pendant qu'une foule d'individus ne savent pas lire.

380. Ils font exécuter des travaux de *luxe;* ils logent des magistrats et des employés somptueusement, tirent des feux d'artifice..., consacrent par des colonnes, des statues... le souvenir des batailles *gagnées.*

381. Ils portent secours à certains malheureux, choisis soit par le *hasard,* soit par quelques individus bienfaisants (en partie accidentellement), soit par des fonctionnaires *subalternes...*

382. On veille à ce que les établissements de bienfaisance ne *multiplient* pas les *pauvres,* ce qui aboutit à créer de nouveaux *besoins* (J.-B.

bien d'en abandonner l'enseignement à la décision des *pères de famille*. [Aussi bien ont-ils soin d'y pourvoir, entraînés par un sentiment naturel : le *prosélytisme*.] La vérité triomphe avec le temps.

378. Nul ne peut être forcé de contribuer au développement d'une croyance qu'il juge erronée. C'est aux sectateurs de cette croyance de consacrer leurs propres forces à son triomphe. Il suffit qu'une *liberté* complète leur soit assurée.

379. Le développement littéraire et artistique doit être précédé du développement intellectuel ou *scientifique* et *moral*. Il faut que tous les associés apprennent à se conduire honnêtement, à lire, à écrire, à compter... avant d'approfondir les beaux-arts ou la poésie.

Assurez-vous que personne ne manquera de l'instruction indispensable, avant de commander des décorations, des feux d'artifice...

380. Les travaux de luxe ne sont entrepris qu'*après* la production du Nécessaire et de l'Utile.

Assurez-vous que nul ne mourra de *faim*, avant d'élever des monuments magnifiques. [N'en concluez pas que, dans un état *transitoire*, il faille *démolir* tous les monuments de ce genre qui existent.]

381. *Toutes* les personnes incapables de travail sont secourues par l'Etat, lorsque leurs parents ou amis sont impuissants à les secourir, — ou même *ne veulent pas* leur porter secours, sauf l'application des *peines* légales contre ces derniers. — Nul associé n'est condamné à souffrir, sans sa faute, quand les autres prospèrent. — L'assistance sociale n'humilie pas comme l'aumône individuelle, faite sans ménagement.

382. (1°) Dans une société rationnelle, l'Education, l'obligation de collaborer, la publicité, la propagation des idées scientifiques sur l'inconvénient d'une popu-

Say). — Certains individus simulent la misère; d'autres ont beaucoup d'enfants, sachant qu'ils peuvent les mettre à l'hospice.

XXVIII

Propriétés publiques (*nos* 383 *à* 389).
Impôts (*nos* 390 *à* 406).

383. (1°) L'État *n'*acquiert *point* de propriétés en principe. V. des exceptions dans le Code civ., art. 539, 713, 768. [Il fait bâtir des temples pour ses dieux, des palais pour ses rois, des monuments pour ses généraux victorieux..., puis quelques édifices utiles.]

Il exerce un droit de mutation proportionnel sur toutes les successions (Loi du 22 frim. an VII); mais, lors même qu'elles sont *immobilières*, il se fait donner de l'argent par les héritiers, au lieu d'exercer son droit en *nature*, s'agît-il de terres à blé.

384. Quand l'État acquiert des fonds de terre, des biens quelconques (autres que des palais, des monuments, des livres rares, des objets d'art, des armes de *guerre*), il les *revend* à des *particuliers*.

385. L'État ne se réserve les successions *ab intestat* qu'en l'absence de collatéraux au *dou-*

lation excessive, *préviennent* la multiplication aveugle et la mendicité hypocrite. Chaque associé sait qu'il doit travailler *réellement* tant qu'il est valide, et ne doit avoir que le nombre d'enfants susceptible d'être *élevé* dans l'état actuel de la Production. — La Publicité rend les fraudes difficiles; elle en assure le châtiment.

XXVIII

Comment la Société se procure-t-elle l'utilité dont ses membres jouissent en commun?
(1°) *Acquiert-elle les instruments naturels?*
(2°) *Exige-t-elle une collaboration?*

383. (1°) L'exception d'aujourd'hui deviendra la règle demain. La Société, qui garantit l'existence de tous ses membres, ne doit pas s'en remettre à des individus du soin de produire le Nécessaire. Elle ne doit pas s'exposer à des disettes, à des famines (!!).

Le *globe* appartient au *genre humain;* la nature seule limite ce droit. Si les hommes, en s'associant, souffrent l'appropriation des Forces Naturelles au profit de *quelques-uns,* ils fondent, même sans le vouloir, une aristocratie. Ils ouvrent la porte à la Spéculation sur la terre et sur ses fruits; à la Spéculation sur les capitaux, qui tous ont leur origine dans quelque substance terrestre; ils admettent l'inertie ou le privilège du Travail *libéral* avec tous ses inconvénients.

384. Quand le hasard amène l'application des principes scientifiques, on se garde bien de repousser cette occasion, de gaieté de cœur. En effet, les objections *transitoires* qui militent contre une réforme trop brusque perdent toute leur force dans ce cas. L'Etat garde tout ce qui lui advient en vertu des lois en vigueur.

385. L'Etat, s'il admet l'hérédité, se préfère comme successeur *ab* intestat à tous les parents pour lesquels

zième (!) degré. (C. civ., 755, plus arriéré que l'Édit du Préteur romain : *Ad sextum gradum*... § 5, Instit., *De success. cognatorum*.)

386. Le Code pénal est indulgent pour ceux qui vivent hors mariage, même s'ils l'avouent en justice; le Code civil les punit dans la personne de leurs *enfants*. C. civ., 339, 757 et suiv. — La supériorité de fortune et d'éducation permet de séduire aisément les filles pauvres et mal élevées.

387. J.-B. Say (note 49), reconnaît que l'État, s'il avait des revenus suffisants, n'aurait *nul besoin* de contributions. — Mais, ajoute-t-il, l'autorité publique consomme les revenus et n'en demande pas moins tout ce qu'elle peut exiger des contribuables *sans* qu'ils se fâchent.

388. Les propriétés publiques sont *toujours* (!) *mal administrées*, faute du stimulant de l'intérêt personnel.

Cela est surtout évident pour les pays d'une vaste étendue, comme la Russie, où les agents secondaires échappent aisément au contrôle et sont faciles à corrompre.

[Les musées, écoles, bibliothèques, chemins publics, ponts..., sont bien entretenus, en général, dès aujourd'hui.]

ne milite pas une *affection probable* de la part du défunt, par exemple à ceux dont il ne faisait aucune mention dans les derniers temps de sa vie.

Les parents infirmes, par exemple, s'ils sont en bas âge, reçoivent des *secours* jusqu'à l'époque où ils deviendront capables de travail. Mais ce n'est là qu'une application pure et simple des principes généraux.

386. Il est inique de punir l'innocent au lieu du coupable, de frapper les enfants pour la *faute de* leurs parents. — Dans une société rationnelle, l'éducation générale rend les désordres plus rares et plus facilement réparables. — Les associés ont les mêmes droits et les mêmes devoirs, quelque désordonnée qu'ait été la conduite de leurs pères et mères. La loi punit ceux-ci *directement*, au moins dans certains cas.

387. L'objection tirée, contre la formation d'un domaine national, de la mauvaise administration des revenus, porte tout entière sur le vice des *constitutions* politiques. Ne choisissez pour gouvernants que des hommes *capables* et *honnêtes*. Rendez-les *révocables* et *responsables;* exigez d'eux des comptes périodiques et publics; chargez du contrôle des députés vigilants.

388. Rien ne prouve que l'homme chargé par l'Etat de gérer une propriété soit *nécessairement* improbe et incapable. Des précautions vulgaires suffisent pour vérifier l'habileté des agriculteurs officiels.

Une rémunération équitable, telle que la prescrit un système rationnel, garantit que l'agriculteur officiel remplira ses devoirs, s'il a reçu l'*éducation* convenable, si la *publicité* éclaire tous ses actes. On n'a certes pas de garanties plus fortes sous le régime individuel. En fait, les paysans manquent d'instruction et se contentent d'un maigre salaire. Beaucoup de propriétaires, pour économiser les frais d'exploitation, de transport, de revente, *laissent perdre* une partie des fruits.

389. Les communes, les départements..., les *corporations* formées pour atteindre un but d'utilité publique, vraie ou fausse, acquièrent souvent des biens.

390. (2°) *Impôts.* Sous un régime vulgaire, l'État, qui, pour satisfaire des besoins généraux, veut se procurer une utilité quelconque, procède comme l'individu. Celui-ci commence par vendre, par louer ses biens ou ses services... de manière à réaliser la somme d'*argent* convenable; puis il traite avec l'Entrepreneur, qui fait ses conditions en *argent.* Seulement, comme l'État ne peut ou ne veut rien vendre ni louer, il force les particuliers à louer ou à vendre, puis à verser dans le Trésor public le *prix* qu'ils ont obtenu. Cet argent se nomme contribution (*impôt* chez les peuples soumis à un pouvoir despotique). Donc, quand le Gouvernement, même républicain, perçoit un impôt pour faire une dépense, il se constitue *intermédiaire* (courtier, banquier...) entre la Nation ou collection des contribuables, agissant malgré eux, et les entrepreneurs, agissant, ou plutôt spéculant librement.

391. Exemple : l'État veut faire un chemin de fer d'un million de francs. Il se fait payer le million par les capitalistes et les gens pourvus d'un revenu suffisant; — puis il le paye lui-même *à l'Entrepreneur* du chemin de fer. — Souvent, il emprunte, v. ch. XXX.

389. La Société générale ne doit pas plus se subordonner aux *sociétés particulières* qu'aux individus. — Elle ne favorise pas plus l'utilité fausse produite par *plusieurs* que l'utilité fausse produite par un *seul*.

390. (2°) *Collaboration*. Supposons la Nation décidée à se procurer telle jouissance collective : une communication commerciale, une amélioration intellectuelle, un chemin de fer, un travail scientifique... Elle se garde bien de *reprendre* aux citoyens le nécessaire dont ils ne sauraient se passer; elle ne reprend même point la portion d'utilité proprement dite qu'ils ont tous *également* gagnée par leur travail. Ce serait faire reculer les associés vers une condition inférieure. Elle n'en a d'ailleurs pas besoin.

La Nation a droit de *requérir directement* le *travail* des associés; elle use de ce droit.

On s'adresse naturellement aux hommes que leur aptitude et leur profession rendent capables de produire le genre d'utilité désirée. Le concours, l'alternement avec tirage au sort désignent les contribuables, c'est-à-dire les travailleurs chargés de l'opération.

La production d'utilité *collective* est au moins aussi *méritoire* que la production d'utilité individuelle. On applique donc les principes généraux de la Rémunération; le ch. XXX règle les cas extraordinaires.

391. Exemple : La Société veut faire un chemin de fer pour lequel il faut un million d'heures de travail. Elle requiert le nombre de travailleurs indispensable pour l'exécuter dans le temps voulu. A dix heures par jour, cent mille hommes l'exécuteront dans un jour; dix mille, dans dix jours; mille, dans cent jours... Quel que soit le nombre d'associés requis, ils ont droit à la *Rémunération*, conformément aux principes généraux.

392. Les prestations en nature rappellent la corvée *féodale*. Aussi, n'en ordonne-t-on guère. V. cep. loi du 21 mai 1836, 2 (chemins *vicinaux*).

393. Selon Say, l'État fait parfois *perdre* au contribuable *plus qu'*il ne bénéficie ; par exemple s'il exige 50 ; que le contribuable, pour les payer, perde ou manque de gagner 50 ; le tout en vue d'un travail qu'un entrepreneur aurait fait moyennant 30 francs. Perte : 70 francs.

394. On s'est demandé si les impôts doivent figurer dans le *Revenu* de la Nation. V. n° 271.

395. L'impôt excessif attaque le capital et entraîne le *déclin* du pays.

396. L'impôt, pour être équitable, doit être proportionnel.

[Il devrait être *progressif* (1), Montesquieu (!), Adam Smith, J.-B. Say, Dest.-Tracy...]

397. Pour prévenir les plaintes des contribuables, l'État recherche les moyens les plus détournés, les plus indirects : il emploie la fi-

(1) Cette idée est juste, surtout quand les fortunes sont extrêmement *inégales*. Elle sert comme mesure de *transition*. Les adversaires de l'impôt progressif ignorent généralement que *Monesquieu* le signale comme équitable.

392. La collaboration égale entre associés, pour la prospérité commune, n'est pas la même chose que le travail imposé par un *maître* à un esclave pour le compte du maître, alors même que ce dernier travail n'est pas accompagné de violence ou d'humiliation.

393. La collaboration produit le maximum d'Utilité, aussi bien quand la *jouissance* a lieu en commun, que lorsqu'elle a lieu individuellement. La rémunération est égale, soit que l'associé travaille pour *lui* (sans désapprobation officielle), soit qu'il travaille pour la *Société*. L'éducation, la publicité, la vérification scientifique garantissent la Nation contre la mauvaise exécution des travaux qu'elle requiert.

394. Le Travail *universel* produit la plus grande somme possible d'utilité. Ce résultat ne saurait changer quand le travail est *requis* par l'Etat, ni quand on évalue par *périodes* l'utilité produite, au lieu de l'évaluer en bloc.

395. La collaboration requise ne dépasse pas une certaine mesure, indiquée par le but de l'association : la *prospérité* générale; les associés se réservent un temps suffisant pour le repos *hygiénique* et les jouissances *morales* ou *intellectuelles*.

396. La distribution du travail est *proportionnée* aux forces, à la *santé* des personnes. *Primum vivere.*

397. Dans un système rationnel, on ne cherche point à *surprendre* les associés. On *proclame* hautement les devoirs de tous, aussi bien que leurs droits. Ils savent donc qu'ils doivent accomplir un certain travail pour la prospérité *commune*. — La *Statistique* donne le dénombrement des hommes valides, et constate les résultats de leur travail.

Dès à présent, on devrait percevoir un impôt *unique*.

nesse; il saisit les occasions où il peut tirer de l'argent *sans faire crier*.

[Selon Vauban (*Dixme royale*, 1707), il convient d'établir un impôt *unique*.]

398. L'intérêt personnel porte les hommes à *déguiser* la vérité.

399. Les gouvernements vulgaires établissent des contributions *indirectes* : ils font payer les producteurs, les voituriers, les possesseurs... de certaines marchandises indispensables à la subsistance.

400. Ils *prohibent* certaines industries, pour s'approprier le bénéfice qui en résulte : monopole du tabac, du transport des lettres...

401. Sous le prétexte de diminuer les procès (v. circulaire de M. Dufaure), on exige une somme variable de ceux qui recourent au pouvoir *judiciaire*, pour faire réparer une injustice.

[L'assistance judiciaire (2e républ.) atténue un peu cet inconvénient.]

402. On exige une somme de ceux qui *contractent* entre eux.

L'occasion était belle, lorsqu'il s'est agi de payer 5 milliards extorqués par l'ennemi; mais Thiers connaissait mieux les finesses financières que les vrais principes du droit philosophique; les « femmes de France » avaient été mieux inspirées.

398. L'*Éducation* lutte contre l'égoïsme; elle démontre que l'intérêt bien entendu veut qu'on satisfasse ses associés. La *Publicité* rend les finesses plus difficiles.

399. Le procédé qui fait prélever une prime sur les subsistances est le plus efficace, mais aussi le plus inique peut-être de ceux qu'ont imaginés les financiers : il fait peser l'impôt sur les plus pauvres (J.-J. Rousseau), car ils consomment une *quantité* aussi considérable que les riches. [La *qualité* n'influe pas sur la taxe.]

L'unité d'impôt, n° 397, exclut cette injustice.

400. La Société fait bien de veiller à la production de certaines utilités et notamment du Nécessaire. Mais il est inutile, il est inique de convertir en *délit* l'exercice individuel de l'industrie corrélative. Cela est même contradictoire, car on restreint d'un côté ce que l'on développe de l'autre.

401. Il est contradictoire, il est inique, après avoir offert l'intervention protectrice des tribunaux aux personnes qui sont en différend, de la leur retirer *indirectement* en les forçant de la payer.

L'iniquité est flagrante à l'égard des plaideurs qui ne sauraient acquitter l'impôt sans *se priver* du Nécessaire. Des domestiques, des ouvriers... ne peuvent se faire payer par leurs débiteurs : le fisc les considère *a priori* comme animés de l'esprit de chicane.

402. Même critique au sujet du *timbre*, de l'*enregistrement*... Pourquoi proclamer la liberté de contracter et la gêner ensuite, dans un but purement fiscal?

403. Tout en autorisant la transmission des propriétés, on empêche les acquéreurs d'en profiter complètement, en les grevant de droits de *mutation* (lods et ventes)...

404. On autorise le jeu, la loterie, la *spéculation* publique... pour lever un impôt qui accroît la perte.

405. On paye des *frais* de recouvrement aux percepteurs de l'Impôt.

406. Si la nation n'est pas bien représentée, l'économie dans les frais de perception ne profite point au public. Ils ont été fort diminués en Angleterre, sans que les contribuables en payent un sou *de moins* (J.-B. Say).

[L'auteur s'exagérait les inconvénients de l'intervention de l'Etat, parce qu'il se préoccupait des vices de la forme gouvernementale adoptée ou subie de son temps.]

XXIX

Effets économiques de l'Impôt.

[Sur qui pèse-t-il? Ses inconvénients.]

407. Les anciens économistes ont recherché laborieusement :

Si l'impôt *pèse* sur le *producteur* ou
— sur le *consommateur*.

403. L'impôt de mutation est contradictoire avec la transmissibilité, peut-être parce qu'on avait entrevu les inconvénients de celle-ci. Mais il peut servir comme moyen de *transition*, pour adoucir, pour faciliter le passage du régime vulgaire au régime rationnel.

404. La Société n'admet le jeu que comme *récréation*. En effet, il constitue un simple *déplacement* de richesse (ou plutôt de récompense accumulée), sans production aucune d'utilité.

405. Il suffit d'un petit nombre d'agents officiels pour *constater* l'exécution du travail requis par la Société. A l'égard du travail laissé au libre arbitre des associés, ils en constatent le mérite eux-mêmes (par exemple de boulanger à meunier) ou dans la réunion de tous les associés du lieu : ils ont intérêt à ce que leurs échanges soient équitables.

406. Dans une société rationnelle, on *discute* et l'on détermine *publiquement* : le genre d'Utilité dont on a besoin à un moment donné; le nombre des collaborateurs qui exécuteront le travail; la manière dont ils seront choisis; les bases d'après lesquelles ils seront récompensés... Et comme on a eu soin de donner aux associés les notions essentielles du droit naturel, comme on a soin d'écarter d'eux toute humiliation..., le travail voulu s'exécute sans qu'il soit besoin, du moins à un degré appréciable, d'un travail accessoire de contrainte.

XXIX

Sur qui pèse la collaboration exigée par la Société pour les jouissances communes? Cherche-t-on à l'obtenir par des finesses?

407. Dans un système qui astreint *tous* les associés à collaborer en proportion de leurs *forces*, pour produire l'utilité qui doit être consommée (c'est-à-dire

Ils n'ont pas trouvé de solution bien certaine. Celle qui approche le plus de la vérité, consiste à dire que l'impôt pèse *à la fois* sur le producteur et sur le consommateur.

408. L'impôt est un *mal* (Destutt-Tracy).
[L'intention *avouée* de ceux qui l'établissent est d'en user pour opérer un bien.]

409. L'impôt est souvent *mal employé* par les gouvernements.

410. On obtient quelques bons effets des contributions, en les faisant porter sur les consom-

dont on jouit) en commun, il est aisé d'apprécier l'effet de cette collaboration.

Elle prive chaque collaborateur de l'utilité qu'il aurait produite pour sa jouissance *personnelle*, exclusive, pendant le temps qu'il consacre à l'Etat.

Supposons que chaque associé doive à l'Etat une heure de travail par jour, il perd pour lui-même la dose d'utilité qu'il est capable de produire pendant ce temps.

S'ensuit-il qu'il faille *refuser* la collaboration ?

Non : puisque le collaborateur profite de l'avantage *énorme* qui résulte pour lui de la coopération de plusieurs millions d'associés. Il jouit des moyens perfectionnés de subsistance et de développement intellectuel résultant de la civilisation (c'est-à-dire des progrès de la science). Il jouit des routes, des chemins de fer, des canaux, des monuments, des musées...

408. La collaboration, qui, dans une société rationnelle, remplace l'Impôt ou la Contribution *pécuniaire*, a les mêmes inconvénients et les mêmes avantages que le travail individuel. On peut considérer comme un mal, au point de vue *cosmologique*, la nécessité où se trouve l'espèce humaine, par la nature même de son *organisation*, de travailler, de courir des dangers, de subir des dégoûts, des fatigues... Mais l'association *n'aggrave point* ce mal; elle en fait résulter un fruit (une utilité) plus considérable.

409. Qu'on évite de confier la direction des affaires publiques à des hommes *ignorants* ou *prodigues*. Un gouvernement honnête et capable ne fait exécuter que des travaux utiles.

Il se faut entr'aider (La Font.). Mais il faut s'entendre pour ne produire que de l'utilité *véritable*.

410. On produit le Nécessaire avant le Co*m*fortable, le Co*m*fortable avant le Luxe; — et ceci est vrai au moral comme au physique.

mations *mal* entendues; — par exemple sur les objets de *luxe*.

411. On dispense les *indigents* des contributions directes : « Là où il n'y a rien, le roi perd ses droits. » Mais les contributions *indirectes* pèsent sur les hommes qui vivent de leur travail comme sur les capitalistes. [Il est pourtant contradictoire, quand on a tiré d'un individu tout ce qu'il doit payer, de lui surprendre un supplément détourné d'impôt, en lui faisant acheter plus cher sa subsistance.]

412. L'impôt excessif provoque la *fraude*. Le gouvernement donne, du reste, en quelque sorte, l'exemple de la *finesse* aux contribuables : nos 397 à 404.

Mais peut-on faire autrement? La *paresse* est un défaut naturel, bien que le travail soit nécessaire. [Antinomie naturelle.] Elle porte à se dispenser en cachette d'une portion de sa besogne.

Mais, quand on possède le Nécessaire physique et moral, on n'arrête pas le *mouvement* de production.

On ne l'arrête pas davantage, quand on possède le Co*m*fortable. On continue de travailler pour produire les raffinements du Luxe. Seulement, on ne produit que les raffinements approuvés par la *raison*, et on les produit pour *tous*.

Dans un état de transition, l'impôt sur le Luxe sert à diminuer l'*inégalité*. Une petite catégorie, celle qui travaille le moins, possède seule le Luxe. Il est tout simple qu'on lui demande un surcroît d'impôt qu'on ne saurait réclamer des indigents.

Quand tout le monde travaille, tout le monde contribue, ou plutôt *col*labore.

411. Là où tout homme valide est sûr d'obtenir de l'ouvrage, là où tout producteur est sûr d'obtenir la récompense de son travail, il n'y a *point d'indigents* (1). Il y a seulement (comme sous tous les régimes imaginables) des infirmes, des vieillards décrépits, des enfants en bas âge, des idiots... que la Nature expose aux souffrances, que la Société secourt par humanité. Tous les hommes doivent une portion de leur travail à la Société. Mais ils ne sont tenus que dans les limites du *possible*.

412. Aucun système ne supprime l'intérêt apparent qu'a l'*individu* à frauder l'Etat. Mais l'*Education* universelle fait comprendre à tous les hommes l'immense avantage de l'association. La *Publicité* perpétuelle contrôle tous les actes et comprime les penchants vicieux à l'aide du sentiment de la honte.

Le régime rationnel prescrit la proclamation nette et loyale des obligations. Tous les associés sont *avertis* qu'ils doivent consacrer une part de leur travail à la

(1) A moins qu'un homme valide ne pousse la passion du *far niente* jusqu'à se contenter d'un morceau de pain, en bravant la pitié dédaigneuse de ses semblables.

413. Le système vulgaire crée des *délits* qui n'existeraient pas autrement; il entraîne des rigueurs contre les délinquants pour effrayer ceux qui seraient tentés d'imiter leur exemple.

414. Il nécessite des vérifications, des inquisitions pour *constater* les délits.

415. Il occasionne des détériorations involontaires; il établit des *entraves*.

416. Il entretient une armée de percepteurs dont le travail est *improductif*.

417. Il fait fabriquer des choses inutiles, comme des *timbres*...

jouissance commune et qu'ils sont tenus de justifier de l'accomplissement de ce devoir.

413. Le système rationnel ne supprime pas l'obligation de contribuer (dans un sens large) aux besoins de la Société. Il en modifie seulement l'*objet;* il la rend *égale* pour tous, la proclame, la généralise. Donc il ne dispense pas d'établir une *sanction* contre ceux qui refusent d'obéir au principe, soit ouvertement, soit indirectement, par la dissimulation de leurs forces.

414. Il ne dispense pas davantage de la *vérification*. La Statistique officielle recense les hommes valides et les infirmes. Elle constate et mesure l'utilité produite par les premiers, et celle qu'ils ont manqué de produire par leur faute.

415. On n'a pas besoin, pour vérifier la durée et la qualité du travail, de dénaturer le produit. — La liberté de *locomotion* existe pour tous les objets qui ne sont pas dangereux.

416. Les agents chargés de la Statistique officielle ne sont pas très nombreux. L'Education enseigne aux associés le devoir de travailler et le devoir de *déclarer* la somme d'utilité produite. L'agent reçoit les offres, les demandes... ; il les constate.

En revanche, l'Education exige un bien plus grand nombre de *maîtres*, quand elle est prescrite au profit de tous; que lorsqu'elle constitue le privilège d'une fraction. — Mais l'enseignement *mutuel* officieux atténue cette charge.

417. La Statistique exige beaucoup de *livres*, tenus avec soin, rangés avec ordre.

Chaque associé a son bulletin *personnel*, contenant tous les renseignements qui intéressent la Société. Les changements sont constatés au fur et à mesure, ou du moins à certaines époques périodiques, rapprochées.

XXX

Emprunts publics.

418. Un gouvernement veut subvenir à une dépense extraordinaire que les rentrées ordinaires n'acquitteraient point : il contracte un emprunt. Le remboursement du *principal* emprunté pèsera sur les générations *futures;* la génération *présente* ne paye que les *intérêts.*

419. L'emprunt ne s'adresse qu'aux capitalistes, c'est-à-dire à une *fraction* de la société.

420. Malgré la disette, malgré la guerre..., les citoyens habitués au luxe, ou au simple co*m*fortable, continuent de *jouir* de ces avantages, ou peu s'en faut. Possèdent-ils un capital suffisant, ils trouvent encore des industriels qui produisent le *luxe*, quand même le danger ou le besoin extraordinaire se manifeste.

421. En cas d'invasion, les gens qui ont le Luxe et le Co*m*fort continuent de jouir de leurs

XXX

Jusqu'à quel point la Société peut exiger une collaboration extraordinaire.

418. La somme raisonnable du travail ne doit être augmentée, l'ordre normal de la Production ne doit être modifié, que dans l'hypothèse d'un besoin social dont la satisfaction ne souffre pas de retard, d'un péril urgent qu'il faut écarter à tout prix.

Si le cas se présente, la Société *requiert* un travail *plus long* qu'à l'ordinaire; elle requiert un changement dans le *genre* d'utilité qui est en cours de production ; elle emploie les deux moyens réunis.

419. La Réquisition de collaboration extraordinaire s'adresse à *tous* les associés valides, s'il le faut, par exemple en cas d'invasion redoutable.

Suffit-il d'une partie des associés, le *sort* désigne ceux qui feront le travail extraordinaire. Ils seront dispensés, s'ils le veulent, de la réquisition subséquente, jusqu'à ce que *tous* aient accompli un service égal.

420. Quand le Nécessaire manque à un nombre plus ou moins grand d'associés, l'*ordre* des productions est modifié. Celle du *Luxe* est suspendue avant tout, jusqu'à l'achèvement de l'utilité urgente.

Si la *suspension* des industries de pur agrément ne suffit pas à combler le déficit, on suspend la Production de l'Utile proprement dit, ou Comfortable. On assure avant tout l'*existence* de tous les associés. (Nul ne doit *souffrir* le besoin dans une société perfectionnée, tant qu'il existe des hommes *valides* pour y pourvoir.)

421. Appliquons ces principes au cas d'invasion.

Toutes les industries sont *suspendues*, excepté celles

aises. [Ils en perdront la plus grande partie, si l'ennemi atteint l'endroit qu'ils habitent.] Les littérateurs écrivent, les *sportsmen* chassent (!), cavalcadent (!); les touristes voyagent... Mais tous se désolent; plusieurs traitent la résistance de folie, et aspirent à capituler.

422. Les soldats recrutés s'occupent *seuls* de la guerre.

Les anciens publicistes soutiennent même que l'armée envahissante a droit de *fusiller* les citoyens non enrégimentés qui défendent leur patrie (1).

423. Chaque individu continue de *disposer* à sa fantaisie de tous ses biens, y compris ceux qui serviraient à faire la guerre. Il garde son fusil pour chasser, sa longue-vue, son cheval... pour se récréer; il accumule des provisions (pour lui) au risque de les perdre.

(1) V. l'histoire de la dernière guerre. Napoléon, en 1806, avait fait mourir un libraire qui excitait à la défense de la Prusse (Thiers). Espérons que les diplomates voudront bien ne plus assimiler le *dévouement* patriotique au brigandage.

qui servent à faire subsister les nationaux ou à faire périr les ennemis. (Ceci comprend le *transport* (1) de tous les vivres, blé, bétail, volailles... à distance suffisante, par exemple, au delà d'un fleuve : la Loire est admirablement située sous ce rapport.) Toutes les jouissances nuisibles au succès sont *ajournées*. La subsistance même est restreinte, s'il le faut, au plus strict nécessaire. (*Rationnement* des vivres.)

On ne traite pas (2) avec l'ennemi qui occupe le territoire. (Rome, la Convent., l'Esp., Juarez...)

422. *Tous* les associés valides (les femmes, les adolescents, quelques enfants même...) *s'occupent de la guerre*. Les hommes jeunes et forts entourent l'ennemi, tuent tout ce qui s'écarte, interceptent les communications; ils s'embusquent dans les lieux élevés, murés ou boisés (*guerrilla*)... ; ils reculent dès qu'un corps d'armée assez fort s'avance. Les autres hommes emportent les vivres loin de l'ennemi, et nourrissent les combattants. On réussit ainsi, sans grand danger, par l'immense supériorité du nombre; on affame les envahisseurs et, s'ils persistent, on les détruit en détail.

Pour exécuter ce plan, on renonce pour un temps aux petites *douceurs* de la vie civilisée, mais on sauve l'intégrité du territoire; on évite la honte d'une défaite, et la perte de plusieurs milliards.

423. *Toutes* les choses utiles à la guerre, aliments, armes, habits, manteaux, lunettes..., sont *réquisitionnées*. On dresse, pour sauvegarder les droits individuels, un catalogue des propriétaires et des déposi-

(1) On les rapproche des défenseurs, en même temps qu'on les éloigne des envahisseurs. — Le « déménagement des vivres » implique celui des habitants : ils vont loger chez leurs compatriotes moins exposés au péril.

(2) Celui qui proclame ce principe ne doit à aucun prix signer ensuite le traité.

424. Les emprunts vulgaires se font sous forme de rente *perpétuelle :* on perçoit ainsi un capital environ *vingt* fois plus considérable que la somme demandée par voie d'impôt; on est dispensé indéfiniment de rembourser. On grève l'avenir en *trompant* les hommes du temps présent.

425. On promet parfois le remboursement avec des *primes* et des lots qui excitent la cupidité.

426. Les gouvernements qui empruntent fondent une caisse d'*amortissement* pour manifester le désir de rembourser leur dette. Du reste, ils détournent les fonds de l'amortissement, et continuent de dépenser plus qu'ils ne perçoivent à titre d'impôt.

427. Parfois ils stipulent qu'on leur prêtera à *fonds perdu*, et ne servent qu'un revenu *viager*.

428. Pour ménager leur *crédit*, les gouvernements excitent la *spéculation* et la permettent sans limites; — même quand leurs propres *lois* (C. pén., 421-422) la défendent (!).

taires; on constate le lieu où sont dirigés ces derniers... En un mot, on fait une statistique *spéciale* à l'invasion.

424. La collaboration *extraordinaire*, requise dans un intérêt social exceptionnel, s'opère immédiatement; en effet, il s'agit d'un péril urgent. — On *ne* trompe *aucun* des associés que le péril menace. — Aucune dette ne survit à cette collaboration; mais elle nécessite un certain temps de *repos*, pour réparer les forces épuisées par un travail exceptionnel, puis un travail de reproduction de l'utilité détruite.

425. La Société repousse la Spéculation, surtout celle qui revêt la forme de la loterie. L'espoir de devenir riche *d'un seul coup* détourne du travail. — Si l'on proclame le principe que le travail seul mérite récompense, la question est tranchée : il n'y a ni labeur ni *mérite* à tirer un bon numéro de l'urne.

426. Un Etat qui a des dettes s'efforce de les payer, mais seulement avec des *économies;* on n'amortit qu'avec un *excédant* de recettes, en se libérant réellement et définitivement, au fur et à mesure, à moins qu'on ne préfère convertir la dette perpétuelle en dette viagère.

Une société rationnelle n'a pas de dettes. Mais, après un événement extraordinaire, tel qu'une guerre qui prescrit un surcroît d'efforts et des sacrifices, elle est, en général, obligée de songer au repos et de reprendre la Production en *sous-œuvre*.

427. L'emprunt viager a l'avantage d'assurer une libération *certaine* après un intervalle assez court. — Du reste, il est employé dans les moments de *transition*, pour faire revenir les capitaux à l'Etat.

428. La Spéculation sur l'argent est inutile à la chose publique : la Société a droit de faire appel au *dévouement collectif*, pour combattre un *danger* collectif. Disons mieux : la Spéculation est *nuisible*, car elle détourne le Spéculateur de produire de l'utilité vraie.

429. Certains gouvernements vendent des *offices publics* ou ministériels, c'est-à-dire une branche de l'autorité publique, accompagnée de devoirs que l'intérêt fait violer (1).

430. Les gouvernements, dit J.-B. Say, doivent se maintenir toujours *en état* d'emprunter et n'emprunter *jamais*.

431. Selon Germain Garnier, les principes de l'administration d'une fortune privée et ceux qui dirigent la fortune publique sont *directement contraires*.

432. Fuyons l'utopie, (fût-elle de Thomas Morus, de Fénelon...); craignons le social*isme* et les social*istes* (L. Reybaud) (2).

(1) Loi du 28 avril 1816, 91. Pour obtenir *dix* ou *douze millions* de cautionnement (sujets à restitution), l'auteur de cette loi a rendu vénaux la plupart des offices. Aujourd'hui, plus d'un milliard serait déboursé, si l'on voulait indemniser les titulaires.

(2) M. Louis Reybaud range, un peu légèrement, parmi les socialistes (*pravo sensu*) Jérémie Bentham, sous prétexte qu'il fonde la législation sur l'*Utilité*. Je préfère, quant à moi, prendre pour devise la *Prospérité du genre humain*, au lieu de l'Utilité : on écarte ainsi de banales imputations d'égoïsme. Mais qu'importe? On ne saurait écrire quelque chose de suivi en droit (et même en économie politique), si l'on n'adopte un *criterium* quelconque de la justice, que ce soit celui de Bentham ou celui de M. Reybaud.

429. L'exercice de l'autorité publique est confié aux associés reconnus les plus *capables* et les plus *honnêtes*. Une vérification publiquement faite par un jury nombreux est la garantie la plus solide de science et de probité. La possession d'un capital peut être l'effet du hasard; elle se combine parfois avec la cupidité, avec l'ignorance, avec toutes les passions mauvaises dont elle facilite la satisfaction.

430. La Société essaye de porter sa production normale au maximum, mais en tenant compte de l'*hygiène*, du développement *moral* et intellectuel; en un mot, elle tend toujours au maximum de *prospérité* générale possible d'après le dernier état de la science. Aussi ne prescrit-elle pas d'efforts exceptionnels dans une situation *normale;* elle s'efforce de prévenir les grands dangers et respecte les droits des autres peuples.

431. L'économie *sociale* ne diffère de l'économie proprement dite qu'en un point. Il s'agit de faire prospérer réellement une collection d'hommes *associés*, et non un *individu* ou plusieurs individus vivant isolément ou comme des hommes dont les intérêts sont opposés. V. n° 343.

432. La *Nature des choses* est le seul fondement solide sur lequel on puisse établir une science quelconque.

Les hommes sont-ils naturellement portés à s'associer? à améliorer leur sort? L'association augmente-t-elle leurs forces? Ressentent-ils les souffrances, les joies de leurs semblables? Font-ils bien de s'étudier eux-mêmes? Leur science s'accroît-elle sans cesse? paraît-elle devoir s'accroître indéfiniment? Peuvent-ils réaliser un progrès, sans guerre civile, sans violences réciproques?

Le lecteur qui résoudra ces questions par l'affirmative n'acceptera pas comme une injure (relisez le *Fils de Giboyer*, acte V) l'épithète de socia*liste*.

L'imagination se repaît de chimères impossibles.

Il faut vivre dans le monde réel.

[Ceux qui tiennent ce langage admettent souvent les rêves de l'imagination dans le domaine de la philosophie ou plutôt de la cosmologie.]

Récapitulation des principes anciens.

433. 1. *Agrégation* fortuite, violente à l'origine, proscrivant ou négligeant le progrès scientifique, sauf à le subir quand il est accompli; conservatrice, c'est-à-dire (?) maintenant l'*iné*galité préexistante.

2. *Direction* de l'agrégation vers un but mal déterminé : prospérité de quelques-uns, réfléchissant sur la foule; — bonheur posthume, subordonné au sacrifice du bien-être vulgaire...

3. *Neutralité* de l'*État* dans ce qui concerne l'égal*isation*, la production des richesses; v. 6, 7... 15; — impliquant le gouvernement de la Nation par une *fraction* favorisée, qui parfois livre à une famille la *propriété* héréditaire du pouvoir. V. n° 406.

Le *socialisme*, — pris en bonne part, *recto sensu*, — est la science qui recherche le perfectionnement rationnel et, partant, pacifique de la Société. — C'est aussi l'art d'opérer paisiblement une réforme sociale, de *convertir*, par des transitions *insensibles*, une communauté fortuite en association véritable, volontaire.

J'ai tenté de résoudre ce grave problème, — sans le compliquer d'un autre bien plus difficile, sans le secours du *surnaturalisme*, — par la *logique* appliquée à l'organisation de l'homme, *tel qu'il est*.

Je propose mes solutions, jusqu'à ce qu'on en trouve de meilleures :

> .... *Si quid novisti rectius istis,*
> *Candidus imperti; si non, his utere mecum.*
>
> Hor.

Récapitulation des principes nouveaux (1).

433. 1. Association *volontaire*, libre, contractée pour le bonheur commun, éclairée par la science, fortifiant et rectifiant l'instinct naturel, progressiste, c'est-à-dire admettant le *progrès* pacifique et continu.

2. Direction de l'association vers un but *rationnel* : maximum de *prospérité* physique, morale, intellectuelle pour *tous*, sinon pour le *plus grand nombre* possible ; — abstraction faite de la cosmologie *non raisonnée*.

Maximi*sation* du bonheur (Bentham).

3. Intervention de la *Société* pour exiger l'accomplissement des devoirs et le maintien de l'*égalité*, même au point de vue du travail utile, quand ces résultats ne se produisent pas spontanément, 5 et 6 (1).

(1) Les trois premiers principes sont communs à la *déontologie* (droit et morale) et à l'économie politique. Le troisième implique le gouvernement de la Société *par elle-même*.

4. *Direction* du travail vers un but mal déterminé : Production souvent *in*utile, parfois nuisible, obéissant aux *préjugés*, à la mode; — limitée par l'oisiveté des uns, par l'ignorance des autres.

5. *Limitation* de l'économie politique à la *Richesse* proprement dite; — de la théorie de l'industrie au travail productif de *valeur*.

6. *Éducation inégale* comme la richesse; — excluant les non-capitalistes du travail lucratif, des jouissances artistiques, morales, scientifiques...

7. *Ignorance* des *débouchés; — concurrence* aveugle ou jalouse; production *insuffisante*, au préjudice des consommateurs, ou *excessive*, au préjudice des producteurs.

8. *Détermination fortuite* de la production, fondée sur d'anciennes erreurs, sur la mode, le caprice...

9. *Oisiveté* ou travail *agréable* des uns; *labeur* parfois excessif des autres, pour produire l'utilité fausse ou capricieuse demandée par les premiers, — par suite de l'*in*égalité antérieure.

10. *Nécessité* d'exécuter les travaux *serviles*, laissée à la charge d'une foule sans éducation; *liberté* de choisir les fonctions publiques et les arts *libéraux*, réservée à quelques-uns; — par suite de l'*in*égalité préexistante.

11. *Réduction* des salaires par chômage, par

4. Direction du Travail vers un but rationnel : *Utilité véritable*, portée au maximum par l'emploi de toutes les forces intellectuelles et autres, sous réserve de la satisfaction raisonnable des désirs.

Maximi*sation* de l'Utilité.

5. Capitalisation *intellectuelle* et *morale :*

Extension, à l'utilité scientifique véritable, à la direction des mœurs..., des règles sur la production ; v. 6.

6. Éducation univ. et perpét. des générations existantes et de celles qui vont les suivre.

Elle est générale et *spéciale;* assez *étendue* pour exclure l'oisiveté ; v. 9.

7. Constatation univ. et perpét. des besoins et des ressources. — *Statistique* officielle : publication de la somme d'utilité *corrélative* aux besoins et du nombre des producteurs spéciaux.

8. Vérification de l'Utilité, d'après le *dernier* état de la science ; v. 2.

Prohibition de la production de choses *nuisibles ;* — *tolérance* de la production individuelle d'utilité *putative ;* mais v. 6 et plus haut, n° 377.

9. Collaboration continue, à l'effet de produire l'utilité scientifiquement vérifiée, sous réserve de la satisfaction des désirs rationnels (et, partant, de l'hygiène).

10. Distribution *rationnelle* (égale, en principe) du Travail.

Réquisition du travail *dangereux, répugnant, pénible...* surtout s'il est *nécessaire.* — *Concession* du travail *attrayant* ou honoré, après *vérification* publique d'aptitude naturelle, puis de capacité acquise.

11. Rémunération équitable du Travail : en raison

concurrence, par mauvaise éducation... — *Exagération* des honoraires ou traitements par bonne éducation fortuite, par talent naturel, par causes politiques plus ou moins anciennes.

12. *Humiliation* au moins involontaire des hommes réduits par la gêne aux travaux serviles, fondée sur leur mauvaise éducation, sur leur grossièreté de langage, de manières, d'habitudes. — *Honneurs excessifs* pour certaines fonctions.

13. *Distribution fortuite* des pertes et profits; dérivant d'une *in*égalité préexistante. — *Prime* réservée aux possesseurs des fonds et des capitaux mobiliers. — Travail *aléatoire* inutile (Spéculation).

14. *Production* poussée jusqu'au *luxe* pour quelques-uns, jusqu'au *comfortable* pour la classe moyenne; — réduite au nécessaire ou même *insuffisante* pour le surplus; — par suite de l'*iné*galité préexistante.

15. *Exploitation* laissée au caprice, aux préjugés, au hasard. — Droit de *ne pas* exploiter du tout; — d'*empêcher* l'exploitation par autrui, ou de prélever une *prime;* — de *mal*-exploiter les matières premières.

16. *Destruction abusive* des choses utiles, par ignorance, par insouciance, par instinct mal*fe*sant.

directe de la durée (avec surcroît de récomp. pour danger, dégoût, fatigue...); en raison *inverse* du plaisir, de l'honneur.

12. HONORABILITÉ du Travail, même *répugnant* à divers degrés; — assurée par la réquisition générale à tour de rôle, 10.

Suppression de l'humiliation non méritée par la *faute*.

13. DISTRIBUTION équitable des pertes et profits.

Assurance mutuelle pour la jouissance raisonnable, — contre les maux naturels.

Exclusion de la *Spéculation*.

14. GRADUATION du Travail et de la Jouissance.

Production du *Nécessaire* avant tout;
— du *Comfort* ensuite;
— du *Luxe* en dernier lieu.

Satisfaction des besoins *impérieux*, d'abord; — des simples *désirs*, ensuite.

15. UTILISATION univ. et perpét. des *Forces Naturelles*, soit pures, soit rendues plus utiles par un travail déjà récompensé; — pour la jouissance raisonnable ou pour la production d'un surcroît d'utilité; — sans prélèvement d'une prime au profit du possesseur.

16. CONSERVATION de l'Utilité, aussi longtemps que possible, sous réserve de la satisfaction des désirs rationnels.

Capitalisation univ. et perpét., 4.

TABLE ALPHABÉTIQUE

N. B. Les nombres se réfèrent aux numéros, non aux pages.

CORRECTIONS ET ADDITIONS.

Page 99. *Supprimez* le 1° de la ligne 13. (Il suffit du 1° de la ligne 2.)
— 139. N° 191, ligne 6, *au lieu* de « adoptée, » *lisez* appropriée.
— 157. N° 205, « Accr. indéf., » *lisez* indéfini.
— 181. N° 216, 13, *ajoutez* s'il s'agit de fonctions publiques ou de travaux libéraux.
— 218 (n° 271). Ligne avant-dernière, à « productifs, » *ajoutez* volontaires.
— 253, ligne 3, *libre; ajoutez* mal récompensé.
— — — 20 : *ajoutez* : La réciprocité constitue par elle-même une récompense équitable.

TABLE ANALYTIQUE

Paris. — Imp. Vve P. Larousse et Cie, rue Montparnasse, 19.

www.ingramcontent.com/pod-product-compliance
Ingram Content Group UK Ltd.
Pitfield, Milton Keynes, MK11 3LW, UK
UKHW012012240726
13965UKWH00002B/310